A. M. D. G.

LA CATHÉDRALE
NOTRE-DAME
DE LAON

HISTORIQUE
et
DESCRIPTION

Par l'Abbé Auguste BOUXIN,

Vicaire

Aumônier de l'Institution des Sourdes-Muettes et des Aveugles.

Ouvrage orné de cinq phototypies par M. Maurice Dollé
et de nombreuses gravures.

LAON
Imprimerie A. CORTILLIOT et Cⁱᵉ, rue Serurier, 22.

1890

A. M. D. G.

LA CATHÉDRALE

NOTRE-DAME

DE LAON

HISTORIQUE

et

DESCRIPTION

Par l'Abbé Auguste BOUXIN,

Vicaire

et Aumônier de l'Institution des Sourdes-Muettes et des Aveugles.

LAON

Imprimerie A. CORTILLIOT et Cie, rue Sérurier, 22.

1890.

A Monsieur le Chanoine BATON,

Vicaire général honoraire de Monseigneur l'Évêque de Soissons et Laon,

Curé-Archiprêtre de la Cathédrale Notre-Dame de Laon,

MONSIEUR LE VICAIRE GÉNÉRAL,

Le travail que vous avez bien voulu encourager et pour lequel vous m'avez fourni de nombreux et précieux documents, est terminé. L'Église que vous aimez tant et pour l'embellissement de laquelle vous employez toutes les ressources d'un goût délicat et d'un zèle infatigable, a maintenant sa monographie, œuvre modeste, trop modeste, trop peu en rapport avec son objet, mais, c'est là mon excuse, entreprise dans le but de faire mieux connaître et admirer, au moyen d'un livre à la portée de tous, un des plus magnifiques monuments élevés par la piété de nos pères à la gloire du Très-Haut et en l'honneur de la B. V. Marie.

Je m'empresse, Monsieur le Vicaire général, de vous faire hommage de ce petit travail, c'est l'humble tribut de ma filiale affection et de ma reconnaissance. Veuillez le recevoir, je vous prie, et agréer, en même temps, l'expression de mes sentiments les plus respectueux.

AUGUSTE BOUXIN,
Vicaire.

Laon, 19 juillet 1890.

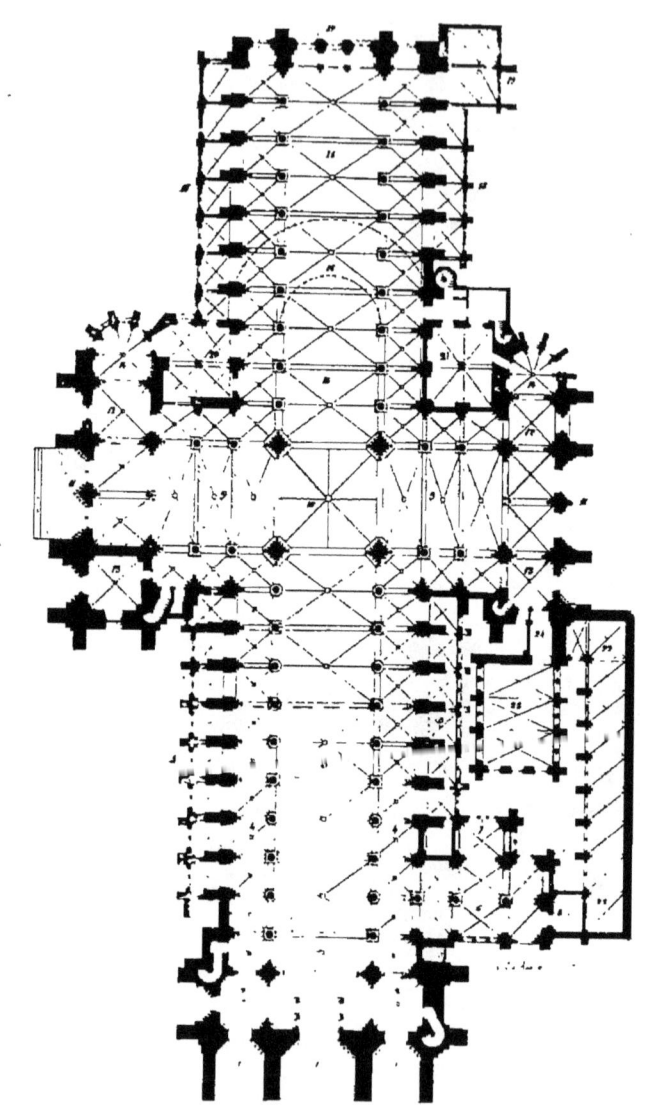

HISTORIQUE

CHAPITRE I.

Église primitive.

I. — Fondation et Histoire jusqu'au XIIe siècle.

La fondation de l'Église Notre-Dame de Laon paraît remonter aux origines du Christianisme dans les Gaules.

D'après une tradition respectable, « l'apôtre du
» Laonnois, Saint Béat, aurait établi dans une grotte
» souterraine de la montagne une chapelle sous le vo-
» cable de la bienheureuse Vierge Marie, où s'assem-
» blaient les fidèles pour célébrer les saints Mystères,
» chanter les psaumes et prier en sécurité. Sur l'em-
» placement de cette chapelle qu'il est permis de
» regarder comme un des plus anciens monuments
» élevés en l'honneur de la Mère du divin Rédempteur,
» aurait été construite plus tard la Cathédrale
actuelle. » (1)

Quoi qu'il en soit de cette tradition, ce qui est absolument certain, c'est que l'Église Ste-Marie existait et avait une certaine importance au Ve siècle, avant la naissance de Saint Remi, puisque, dès son jeune âge, ce Saint y fût placé par ses parents au nombre

---

(1) Saint Béat, par l'abbé Charpentier.

On voit sous le chevet de l'église actuelle un petit souterrain de forme irrégulière qui pourrait bien être celui dont parle la tradition. L'entrée de cette crypte se trouve dans la cour de l'ancien évêché (Palais-de-Justice), dite cour de la Glacière ; on y descend par un large escalier surmonté d'une voûte.

des clercs pour être initié à la connaissance des Saintes Lettres. « *Ecclesia Laudunensis... cujus Dei Matris nomine, primitùs antè tempora Sancti Remigii, fuerat ædificata et in eâ idem Sanctus Remigius à parentibus fuit reclusus inter clericos ejusdem ecclesiæ litteris sacris erudiendus.* » (1)

Elevé sur le siège épiscopal de Reims, Saint Remi n'oublia pas l'Église qui avait abrité son enfance et où il avait puisé les éléments des sciences divine et humaine. Il la dota d'une partie des biens qu'il avait reçus de Clovis récemment converti, et en fit la cathédrale d'un nouveau diocèse, auquel il donna pour premier pasteur son neveu Génebaud (vers 500).

Il ne nous est parvenu sur cet édifice primitif que peu de renseignements.

Méritait-il, dès l'origine, par ses vastes proportions, par la richesse de son architecture et la splendeur de son ornementation, le nom de « Grande Église » qu'on lui donna dans les siècles suivants ? Aucun texte précis ne le prouve. Guibert de Nogent et Leleu nous apprennent, sans doute, que Notre-Dame était une basilique « vaste, remarquable par le nombre et la somptuosité de ses ornements, qu'on y voyait de riches tentures, des tapis, des autels d'or, un crucifix doré et orné de pierres précieuses, des calices, des reliquaires travaillés avec art et enrichis de pierreries, des statues en métal précieux, des

---

(1) Dom Wiart. — Sancti Vincentii Laudunensis chronologica historia (manuscrit de 1676 et 1677) page 10.

» évangéliaires revêtus de plaques d'or, des vêtements
» sacerdotaux couverts de broderies » (1); mais ces
deux auteurs parlent uniquement de l'Église qui fût
brûlée en 1112; ils la montrent telle qu'elle était à
cette époque, sans dire si c'était la même que celle de
Saint Remi. Fleury pense qu'à « l'Église primitive on
» dut en substituer une plus vaste, lorsque la ville eut
» pris plus d'importance soit sous les derniers Méro-
» vingiens, soit sous les rois de la seconde race; » (2)
mais cette opinion ne repose sur aucun témoignage
écrit. Toutefois on peut affirmer que, si l'édifice ne
fut pas complétement rebâti, au moins des modifications importantes, des additions considérables y furent
faites au cours des âges. Lorsque, vers le 9me siècle,
l'usage de convoquer les fidèles au son des cloches
nécessita la construction de tours ou de clochers, on
dut certainement en élever sur la cathédrale. Nous
savons, de plus, par l'épitaphe d'Adalbéron, qui
occupa le siège de Laon pendant plus de 50 ans (977
à 1030), que cet évêque fit exécuter d'importants
travaux dans son Église, qu'il répara ce qui tombait
de vétusté et donna de nombreux et riches ornements
(3); mais nous ne savons pas quelles parties de

---

(1) « In vastâ Ecclesiâ ., Gloriosissima Ecclesia... palliis atque tapetibus
» circumornata... tabulæ altaris aureæ... crucifixi Domini imago decen-
» tissimè obaurata.., sanctorum feretra » (Ven. Guiberti abbatis de vitâ
suâ liber 3 pag. 500 etc..) — (Leleu. Tom. 1. pag. 188).

(2) Antiquités et monum. du département de l'Aisne, 3° part. pag. 155

(3) « Sic ævi plenus decessit Adalbero præsul,
« Hujus multa loci qui vivens condidit olim,

l'édifice furent alors ou ajoutées ou simplement restaurées. Il faut arriver au 12ᵐᵉ siècle pour avoir des renseignements précis et détaillés sur l'histoire de Notre-Dame de Laon. (1)

II. — *Incendie de l'Église.*

Le siège de Laon était occupé au commencement du 12ᵐᵉ siècle (1106) par Gaudry, homme plus propre, disent les auteurs, au métier de la guerre qu'aux fonctions du sacerdoce. Plusieurs de ses actes avaient indisposé le peuple contre lui et, pour se soustraire à son pouvoir, on avait profité d'un voyage, qu'il avait fait en Angleterre (1110), pour établir la commune. A son retour, Gaudry se montra fort irrité des concessions faites, en son absence, par ses archidiacres et se mit en devoir d'en obtenir la suppression. Il arriva à ses fins, grâce à la complicité du roi Louis VI qu'il avait circonvenu, et pendant le semaine sainte de l'an 1112 la commune fut abolie. Une épouvantable sédition fut la conséquence de cette mesure. Elle éclata

---

« Hic decus altaris struxit, decus hic crucifixi ;
« Et loca sanctorum nitidavit ; hic quoque templum
« Prorsus honestavit atque omne vetus reparavit.
« Ad dextram turrim nec non æraria sistit.
« Ornamenta dedit quæ præcellentia fecit.
... (Mart. et Nécr. de Notre-Dame de Laon, man. 341, pag. 31).

(1) La savante étude sur le XIIᵐᵉ siècle de M. de Florival donne sur cette époque de nombreux et précieux renseignements. On la lira avec fruit et intérêt.

le Jeudi d'après Pâques, 25 avril. Malgré le secours des nobles accourus pour le défendre, l'évêque vit bientôt son palais envahi ; lui-même tomba entre les mains des émeutiers qui le massacrèrent sans pitié et abandonnèrent son cadavre dans la rue. Les partisans de l'évêque qui ne purent échapper par la fuite, furent égorgés. En même temps, le feu ayant été mis à la maison du trésorier, gagna rapidement la cathédrale, qu'il consuma presque toute entière avec les riches tentures et les précieux ornements dont elle avait été ornée pour la fête de Pâques ; il s'étendit ensuite au palais épiscopal et à tout le quartier environnant ; douze églises et un nombre considérable de maisons furent la proie des flammes.

III. — *Restauration de la Cathédrale*

Lorsque la sédition fut apaisée, Raoul le Verd, archevêque de Reims, réconcilia les parties qui subsistaient de l'ancienne Cathédrale et le Chapitre se mit en devoir de la restaurer. Les travaux se poursuivaient activement, lorsqu'une nuit la foudre tomba sur l'édifice et y causa des dégâts importants ; un mur et les arcs qui le soutenaient, furent disjoints, et ce mur ayant perdu son aplomb, il fallut à certains endroits, avant de le reconstruire, le détruire jusqu'aux fondements. (1) La dépense fut considérable et le Chapitre,

---

(1) « Cumque quâdam nocte fragor ingens increpuisset tonitrûs, impulsu
» fulminis ità concussus est, ut juncti parieti dirimerentur arcus et paries
» in partem redderetur acclivis et necessario jàm destrui oporteret ab
» imis » (Guibert pag. 512).

dont les ressources avaient été épuisées par les premiers travaux, dut recourir à un moyen souvent employé à cette époque ; il chargea sept de ses membres et six laïques notables de porter de ville en ville les reliques échappées à l'incendie et de recueillir les offrandes des fidèles. Partis cinq semaines après les tristes événements, dont la ville avait été le théâtre, les chanoines parcoururent une partie de la France, traversèrent Issoudun, Tours, Angers, Chartres et revinrent à à Laon au mois de septembre. Les chroniques du temps nous rapportent que de nombreux prodiges signalèrent le passage des saintes reliques et que la générosité des peuples procura des secours, qui permirent de commencer immédiatement la restauration. Mais, au début de l'année 1113, les ressources étant de nouveau épuisées, les chanoines, désireux de continuer l'œuvre commencée, résolurent d'entreprendre un second voyage. Neuf d'entre eux partirent au mois de mars, parcoururent le Nord de la France et passèrent en Angleterre, où ils furent reçus avec honneur et recueillirent d'abondantes aumônes.

Cependant Hugues, doyen du Chapitre d'Orléans, avait été appelé à succéder à l'évêque Gaudry. Il avait pris possession de son siège au mois d'août 1112 ; mais, frappé par la mort au bout de six mois, il n'avait pu réparer les ruines accumulées dans sa ville épiscopale. Ce laborieux honneur devait revenir à son successeur, Barthélemi de Vir.

Issu d'une illustre famille de Bourgogne, successivement chanoine de Reims et de Laon, puis trésorier de l'Église de Saint-Quentin, remarquable par ses vertus plus encore que par sa noblesse, Barthélemi avait été élu à l'évêché de Laon par le vote unanime du clergé et des fidèles et sacré pendant le temps pascal de l'année 1113.

Son premier soin fut d'activer la restauration de la Cathédrale et les efforts qu'il déploya, furent couronnés d'un prompt succès. Pendant que les chanoines quêtaient en Angleterre, il fit continuer les travaux. Excités par le pieux évêque, tous les habitants de la ville et un grand nombre d'étrangers voulurent y prendre part.

« Les uns allaient extraire les pierres dans les » carrières, les autres les transportaient à grand'peine » jusqu'au sommet de la montagne... » (1) Cette restauration fut poussée avec tant d'activité que l'église put être consacrée le 6 septembre 1114.

La cérémonie eut un éclat extraordinaire. Raoul le Verd, archevêque de Reims, la présida, accompagné des évêques Guillaume, de Châlons-sur-Marne, Lisiard, de Soissons, Godefroy, d'Amiens, et Hubert, de Senlis. Une multitude innombrable était accourue de toutes parts et pendant les huit jours que dura la fête, « la ville ne retentit que d'actions de grâces, que de » cris d'allégresse. » (2) — « Tous les cœurs, dit » Herman (Livre III, chap. I.) étaient remplis de la » plus grande joie, en voyant qu'après un si court

---

(1) Etude hist. sur le 12ᵉ siècle par M. de Florival, pag. 52.
(2) Id. pag. 59.

» espace de temps, la protection miséricordieuse de la
» Mère de Dieu avait tiré l'Église de Laon d'un abîme
» si profond, pour lui donner un tel éclat qu'on
» pouvait bien lui appliquer ce qu'un prophète avait
» dit autrefois du nouveau temple de Jérusalem :
« La gloire de cette seconde maison sera plus grande
» que celle de la première » (Aggée, II. 10).

CHAPITRE II.

La Cathédrale actuelle.

I. — La Cathédrale actuelle n'est pas celle qui fut restaurée en 1113 et 1114.

Nous nous trouvons ici en face d'un problème dont la solution occupe depuis longtemps les archéologues. La Cathédrale actuelle est-elle la même que celle restaurée sous Barthélemi de Vir en 1113 et 1114 ? Quelques auteurs l'ont prétendu ; mais leur opinion est aujourd'hui à peu près insoutenable.

Les nombreux témoignages qui suivent, le prouveront surabondamment, je l'espère.

Voyons d'abord ce que pense Fleury sur cette question.

Après avoir établi que la Cathédrale ne fut pas complètement détruite par l'incendie, puisque peu de jours après la sédition, l'archevêque de Reims vint à Laon pour la réconcilier (1) et rebénir des autels et

---

(1) Guibert de Nogent. Livre III. Chap. 11. — Dom Wiart pag. 201.
« Radulphus, Remensis archiepiscopus, Laudunum venit ecclesiam reconci-
» liaturus. »

une chapelle, (1) puisque de tous les murs un seul est signalé comme ayant dû être renversé et repris depuis les fondements, (2) cet auteur démontre que la Cathédrale a été, non pas entièrement réédifiée, mais réparée. « Aucun des auteurs contemporains, dit-il,
» n'a écrit, en parlant de la Cathédrale, qu'elle avait
» été complétement reconstruite.

» Comme s'ils s'étaient entendus, tous (Guibert de
» Nogent, Herman et le Chanoine anonyme cité par
» Leleu) se servent du mot « reparare » qui a un sens
» restreint et une acception formelle. Barthélemi de
» Vir est nommé évêque en 1113 ; son premier soin
» est de réparer le grand désastre d'il y a un an, et le
» Chanoine anonyme de Laon dit de lui : « *Bartholo-*
» *mæus episcopus cujus industriâ cathedralis ecclesia*
» *in brevi reparata* ». — Il en est de même pour
» Herman qui, deux fois de suite, se sert du mot
» « *reparare, reparata* » et, se commente lui-même
» par le mot « *restauratione* » dans ces mots que nous
» lui empruntons textuellement : « *Protinùs ergó*
» *ecclesiam simul et domos episcopales cæpit (Bartho-*
» *lomæus) renovare et velut à fundamentis reparare.*
» — *Toto automnali et hiemali tempore templum*
» *Dominæ Nostræ ex magnâ parte reparatum.....*
» — *Completâ ædificationis restauratione.* » — Deux

---

(1) L'achevêque de Reims vint à Laon pour réconcilier l'Église, « rebénir une chapelle qui devait tenir lieu de chœur et 2 ou 3 autels restés seuls debout au milieu des ruines de l'édifice. » D. Bugnâtre.

(2) Guibert p. 512.

» fois aussi l'archidiacre Claude L'Eleu, racontant ces
» faits de deuxième main, a écrit :

« La réparation de l'église n'allait pas aussi vite
» qu'il (Barthélemi) le voulait ». Et « elle (l'église)
» fut réparée avant le mois de septembre 1114. » (1)

» L'Eleu nous fournit aussi, comme preuve, un
» vieux texte du 12e siècle qui témoigne dans le même
» sens, c'est-à-dire contre la destruction complète de
» N.-D. de Laon par l'incendie : « En mémoire du
» restablissement de l'église de Laon, nous dit ce pré-
» cieux écrivain, on fit en ce temps-là (1114) quelques
» vers qui sont venus jusqu'à nous et qui expriment
» toutes les causes de la ruine et de la réparation.

» *Annus millenus centesimus ac duodenus*
» *Hæc loca vastari vidit penitusque cremari,*
» *Etc...*

» Ces mots : « On vit ces lieux dévastés et presque
» brûlés » sont à retenir, ainsi que ceux-ci, empruntés
» au continuateur de la chronique de Sigebert :
» *Ecclesia, quæ incensa fuerat, brevi reparata, conse-*
» *cratur.* »

» Aucun auteur, ajoute Fleury, n'a jusqu'ici rien
» dit qui autorisât à croire à une démolition totale
» devenue nécessaire et qu'il aurait fallu accomplir
» presqu'aussitôt après l'incendie ». (2)

L'épitaphe de Barthélemi de Vir, les auteurs qui,

---

(1) Mém. sur l'hist. de Laon, tom. I, p. 249-250.
(2) Fleury, antiq. et monum., 3e partie, p. 161 et suiv.

plus tard, ont écrit sur le même fait historique, ne se servent jamais que des mots réparer, restaurer :

« *Templa decem, Matrem, loca præsulis reparavit.*
» Il répara dix églises, la cathédrale (église mère),
» la demeure de l'évêque » (Epitaphe de Barthélemi de Vir).

« *Susceptum restaurationis opus post duos semi-*
» *annos feliciter compleretur.* — L'œuvre commencée
» de la restauration fut heureusement achevée en
» deux demi-années. » (Bellotte, Eccl. Laud. ritus redivivi, page 845).

« *Cujus (Bartholomæus) industriâ episcopalis*
» *Ecclesia, quæ incensa fuerat, in brevi reparata est.*
» — Grâce à son habileté, l'église épiscopale qui avait
» été incendiée, fut promptement réparée. » (Guillaume de Nangis, cité par Dom Wiart. Hist. manusc. de Saint-Vincent, page 205).

« Dédicace de la Basilique restaurée. — *Dedicatio*
» *restauratæ Cathedralis Basilicæ Laudunensis.* »
(Dom Wiart, titre de chapitre, page 301).

Tous ces textes, on le voit, n'affirment qu'une chose, c'est que la cathédrale a été réparée et non entièrement reconstruite. — Mais cette église restaurée et qui devrait présenter les caractères de l'architecture purement romane, où est-elle ? où est la chapelle préservée de l'incendie ? Elles ont disparu, sans aucun doute, puisque nous n'avons actuellement sous les yeux qu'un édifice où dominent les caractères du style ogival.

Un texte extrait de pièces conservées aux Archives

départementales, le laisse suffisamment entendre ; il affirme positivement, en effet, qu'en 1236 la cathédrale de Laon n'était pas consacrée : « ...Et, s'il arrive
» qu'un jour on consacre l'église de Laon, en la
» solennité de la dédicace, lesdits cierges devront
» être préparés et allumés comme aux jours de fêtes
» précités. — *Et, si Ecclesiam Laudunensem contin-*
» *gat aliquandó dedicari, in solempnitate dedicationis*
» *ejusdem, dicti cerei prædicti ponderis et numeri*
» *renovati apponentur et ardebunt sicut in sollempni-*
» *tatibus antedictis..... anno Domini 1236, mense*
» *Januario.* »

(Archives départ. G. 133).

C'est dire assez clairement que l'église dédiée en 1114, avait disparu pour faire place à une autre non encore consacrée en 1236, mais qui le fut probablement quelques années après. On lit, en effet, dans un bref du pape Alexandre IV, adressé en 1257 au chapitre de Laon, la concession d'une indulgence, que pourront gagner ceux qui visiteront la cathédrale pendant les fêtes et octaves de l'Assomption et de la Nativité de la Sainte Vierge et le jour anniversaire de la dédicace de ladite Eglise : « Désirant, dit le Pape,
« que votre église qui a été, comme vous l'affirmez,
» construite en l'honneur de la Bienheureuse Vierge
» Marie, soit entourée d'honneurs convenables, nous
» accordons une indulgence d'un an et 40 jours à
» tous ceux qui vraiment contrits et confessés, la
» visiteront religieusement les jours de l'Assomption
» et de la Nativité de la Sainte Vierge, les 7 jours

» qui suivront immédiatement ces mêmes fêtes et le
» jour anniversaire de la dédicace de cette même
» Eglise. » (1)

La cathédrale complètement terminée « *quæ...
ut asseritis, est constructa* », était donc consacrée en
1257, puisque le Souverain Pontife accordait une
indulgence, non pour le jour même de la consécration,
mais pour le jour anniversaire — « *Anniversario dedicationis Ecclesiæ ejusdem die.* »

Les documents manquent pour déterminer sous
quel épiscopat eut lieu cette dédicace.

Ce qui porterait à croire que ce fut sous Garnier,
1238 à 1249, c'est que, le premier de tous les évêques
de Laon, ce prélat fut inhumé dans le chœur de la
cathédrale — « *In quâ (Eccl. Laud.) sepultus est in
medio choro* » (Martyr. Eccl. Laud. pag. 256). Par
la dédicace, l'église était devenue un lieu vraiment
saint, consacré à Dieu selon les règles liturgiques, par
conséquent un lieu tout à fait convenable pour la
sépulture d'un évêque.

La cathédrale restaurée en 1113 et 1114, a donc fait

---

(1)... « Cupientes igitur ut Ecclesia vestra quæ in honore Beatæ
Mariæ Virginis, ut asseritis, est constructa, congruis honoribus frequentetur,
omnibus verè pœnitentibus et confessis, qui Ecclesiam ipsam in Assumptionis et Nativitatis ejusdem Virginis festivitatibus et in septem diebus
festivitates ipsas immediatè sequentibus, ac anniversario Dedicationis
Ecclesiæ ejusdem die, annis singulis, venerabiliter visitabunt, de Omnipotentis Dei misericordiâ et beatorum Petri et Pauli apostolorum ejus auctoritate confisi, unum annum et quadraginta dies de injunctâ sibi pœnitentiâ
misericorditer relaxamus. Datum..... pontificatûs nostri anno tertio. »
(1257) (Archiv. départ. g. 120.)

place à un autre monument. Est-ce à dire qu'aucun des matériaux de l'ancien édifice n'a été utilisé dans la nouvelle construction, comme cela se pratiquait assez souvent alors ? Non, car on pourrait attribuer au premier quart du 12ᵉ siècle plusieurs chapiteaux et plusieurs bases de colonnes du chœur et du transept de la cathédrale actuelle.

Mais comment expliquer que, dans le même siècle, si peu de temps après la restauration, on ait entrepris la reconstruction complète de l'église ? Il y eut certainement à cela une raison. L'histoire ne nous l'a pas transmise; mais il est probable, dirons-nous avec Vitet, « qu'à un moment donné, les murailles calcinées » de la cathédrale, déja si compromises en 1112, » menacèrent ruine de nouveau et qu'il fallut rebâtir » l'édifice de fond en comble, cette fois. De là l'église actuelle. » (1) Cette opinion est aussi celle de la Commission des monuments historiques : « Il y a tout lieu de croire, lisons-nous dans la notice consacrée à la cathédrale de Laon, que ces murailles calcinées auront, moins d'un siècle plus tard, de nouveau menacé ruine et qu'il aura fallu les rebâtir de fond en comble. L'étude du monument que nous avons sous les yeux, confirme pleinement cette assertion. » Recherchons maintenant à quelle époque eut lieu cette reconstruction.

---

(1) Monog. de N.-D. de Noyon, p. 102.

II. — *Date de la reconstruction de la cathédrale actuelle.*

Comme nous l'avons vu précédemment, il y eut deux dédicaces de la cathédrale, l'une en 1114, l'autre entre 1236 et 1257. Mais, entre ces deux dédicaces, il y a plus d'un siècle d'intervalle. Quand furent commencés les travaux de reconstruction? quand furent-ils terminés ?

I. Quicherat déclare nettement que ce fut vers 1170, sous l'épiscopat de Gaultier de Mortagne, qui occupa le siège de Laon de 1155 à 1174; et pour prouver son assertion, il cite un bref du pape Alexandre III. Ce document conservé aux Archives Nationales, (1) est la confirmation de l'acquisition de la place qui se trouve en avant du grand portail de la cathédrale, acquisition faite dans le but d'éloigner les bouchers et les marchands de poissons, qui installaient en cet endroit leurs boutiques, voisinage peu convenable et incommode surtout pendant les chaleurs de l'été.

Voici les termes de ce bref tels que les rapporte Fleury après Quicherat : « C'est un déshonneur pour
» cette église, qui a été construite par G. (Gaultier)
» de bon souvenir, lequel fut votre évêque, après un
» long travail et une dépense qui fut très considé-
» rable..... — *Ad decorem Ecclesiæ cons(tructæ à bo)næ*
» (2) *memoriæ G. quondam Episcopo vestro, labore*
» *maximo et sumptibus non mo(dicis ac)* (2) *quisitis.* » (3).

---

(1) L. 230 n° 9.
(2) Mots incomplets dans le texte.
(3) Fleury. — Antiquités et monum· 3ᵉ part. p. 178.

Tout irait bien et la question serait tranchée ou à peu près en faveur de l'opinion de Quicherat, si le texte était exactement tel que nous l'a présenté le savant directeur de l'Ecole des Chartres ; mais il faut le reconnaître aujourd'hui, ce document dont quelques mots étaient en partie effacés, n'a pas été reconstitué comme il devait l'être. Quicherat s'est trompé en complétant les mots à demi détruits et voici comment j'en ai acquis la conviction.

En parcourant un vieux cartulaire du XIIIe siècle, écrit de la main de Jacques de Troyes; (1) je trouvais une copie du bref en question, mais copie absolument complète et n'ayant pas souffert la moindre altération. Or, au lieu du mot *constructæ* formé par Quicherat avec le fragment *cons* du texte qui se trouve aux Archives Nationales, j'y lisais le mot *consentiente*. Où était la vérité, du côté de Quicherat ou du copiste du XIIIe siècle ? Pour éclairer ce point obscur, il n'y avait qu'une chose à faire, recourir à l'original et l'examiner attentivement. Un ami voulut bien se charger de ce travail et voici le résultat de ses investigations :

» J'arrive des Archives..... Un élève de l'école des
» Chartes m'a gracieusement prêté son concours. Nous
» avons examiné soigneusement le bref du pape
» Alexandre et calqué ce qui reste des mots en ques-
» tion.... Un des archivistes pense que le mot est
» bien *consentiente*, un autre croit que ce pourrait être

---

(1) Plus tard Urbain IV.

» *consecratæ*. Comme la fin du mot est complètement
» effacée, on peut aussi bien dire *consentiente* que
» *consecratæ*, mais assurément, ce n'est pas *constructæ*
» puisque l'*e* qui suit l'*s* (1) est encore assez visible.....
» Ces Messieurs pensent qu'il faut lire *consentiente*
» *bonæ memoriæ*, etc... parce que *consentiente* termine
» une ligne et qu'il n'y a pas de place pour l'à (2)
» (à bonæ memoriæ G.) ».

Il résulte donc de l'examen du manuscrit conservé à Paris, que le mot reconstitué par Quicherat n'est pas exact. Ce n'est pas *constructæ* qu'il faut lire; j'ajoute que ce n'est pas non plus *consecratæ*, car, d'après les règles de la grammaire, ce mot devrait être suivi de la préposition *à* (*consecratæ à bonæ memoriæ G. episcopo vestro*); or il n'y a pas de place pour cette lettre, nous venons de le voir; (3) de plus, le cartulaire déjà cité indique clairement qu'il s'agit dans ce membre de phrase du consentement de l'Évêque à l'acquisition de la place : le mot *consentiente* est, en effet, accompagné d'un signe qui renvoie à une note

---

(1) Dans le fragment de mot *cons*.

(2) La préposition *à* qui serait nécessaire avec le mot consecratæ (consecratæ à bonæ memoriæ Galtero).

(3) Bref d'Alex. III. Cart. du XIII° S. (J. de Troyes), p. 10 et 11.

« Relatum est Nobis ex parte vestrâ, quod plateam quamdam antè Ecclesiam quibusdam macellis stallis et immundis mansionibus occupatam, ex quibus fœtor et tumultus in Ecclesiam redundabant, ad decorem Ecclesiæ, consentiente bonæ memoriæ G. quondam episcopo vestro, labore maximo et sumptibus non modicis acquisistis..... »

[N. B. *acquisistis* et non *acquisitis* parce que, avec *acquisitis*, la phrase n'aurait pas de verbe à un mode personnel].

marginale ainsi conçue : « *De consensu hujus Episcopi habes in libro 2° episcoporum Laudunensium, Galteri, V, ubi legitur de acquisitione hujus plateæ.* — Pour le consentement de cet Évêque, voyez le livre second des évêques de Laon, actes de Gaultier, n° V, où il est question de l'achat de cette place. » (Cart. Jacq. de Troyes, pag. 10 et 11. XI, Alexand. V).

Et à l'endroit indiqué du même cartulaire, à la page 115, n° V, on trouve les renseignements signalés par cette note, c'est-à-dire le consentement donné par l'Évêque à l'acquisition de la place.

On ne peut donc s'appuyer sur ce bref pour attribuer exclusivement à l'époque indiquée par Quicherat la reconstruction de la cathédrale; mais faut-il conclure de là que cette œuvre importante était terminée avant l'épiscopat de Gaultier de Mortagne (1155-1174), ou bien qu'elle ne fut commencée que sous son successeur, Roger de Rozoy, qui gouverna l'Eglise de Laon de 1174 à 1207 ? Je ne le pense pas.

II. Des textes extraits du martyrologe de N.-D. de Laon et du Cartulaire de Jacques de Troyes, les caractères architectoniques de l'édifice montrent, au contraire, que les travaux furent de longue durée et semblent justifier cette conclusion que, *commencée vers le milieu du XIIe siècle*, peut-être sous Barthélemi de Vir, mais certainement sous Gaultier de Mortagne, entre 1155 et 1174, la reconstruction se continua sous les successeurs de cet évêque et *ne fut terminée que dans le 1ᵉʳ tiers du XIIIᵉ siècle* (1).

Voyons d'abord les textes.

A. Le premier est tiré du Martyrologe de l'Eglise N.-D. Dans l'article nécrologique consacré à Gaultier de Mortagne, article qui résume les œuvres accomplies et les donations faites par ce prélat, on lit les deux phrases suivantes : « Il donna à l'Eglise de Laon deux
» dossiers de tapisserie sur lesquels sont admirable-
» ment représentés les 12 mois et les 12 signes (du
» zodiaque ?). Il donna tout dernièrement à l'œuvre
» de Laon « *operi Laudunensi* » 100 livres outre les
» 20 livres de bonne monnaie qu'il avait données
» chaque année à cette même œuvre depuis le com-
» mencement. » (2).

Quelle est cette œuvre de Laon « *Opus Laudunense* »

---

(1) Cette conclusion, tout en se rapprochant de celle de Fleury, lorsqu'il s'agit de fixer la date du commencement des travaux, en diffère sensiblement en ce qu'elle affirme qu'il restait encore beaucoup à faire après l'épiscopat de Gaultier de Mortagne et qu'on travaillait encore activement dans les premières années du XIIIᵉ siècle.

Cette conclusion se rapproche également de celle de la Commission des monuments historiques sinon pour l'époque du commencement des travaux, au moins pour la continuation et l'achèvement : « Les formes d'architecture de ses parties les plus anciennes et leur frappante analogie avec celles du chœur de la cathédrale de Paris commencée en 1160, ne permettent pas de leur attribuer une date antérieure aux dernières années du XIIᵉ siècle. »

(2) ..... « Dedit Ecclesiæ Laudunensi duo tapeta dorsalia in quibus XII menses et XII signa pulcherrime sunt intexta. Dedit novissime *operi Laudunensi* centum libras præter viginti libras bonæ monetæ quas *eidem operi ab initio* contulerat annuatim..... » (Martyr. et Nécrol. pag. 168. II Id. Julii).

à laquelle Gaultier a contribué depuis le commencement « *ab initio* », qu'il a aidée de ses propres deniers, mais qui n'est pas achevée, puisque, avant de mourir, il lui fait un don plus considérable que ceux qui l'ont précédé ?

1° Si l'on donne au mot « *opus* » le sens de « travaux, ouvrage, édifice » qu'il avait chez les latins, il ne peut être question dans cette phrase que de la cathédrale. S'il s'agissait d'un autre monument, ce serait ou de l'évêché, ou de sa chapelle, ou de quelque château de l'évêque ; or, ce que Gaultier a fait pour ces divers édifices, se trouve clairement mentionné dans les phrases précédentes du même article nécrologique ; il s'agit donc uniquement de la cathédrale.

D'ailleurs la phrase qui commence par ces mots : « Il donna tout dernièrement 100 livres », ne formant avec la précédente (celle dans laquelle il est parlé des tapisseries), qu'un seul et même paragraphe, indique, d'après la manière de faire du rédacteur de la notice, que le destinataire des sommes d'argent est le même que celui à qui furent données les tapisseries, c'est-à-dire l'Eglise de Laon. On remarque, en effet, dans cette page du Martyrologe, que chaque destinataire ou chaque œuvre (privilèges obtenus, travaux accomplis, donations, etc...) forme l'objet d'un paragraphe spécial, séparé des autres par un signe assez semblable à celui dont on se sert encore actuellement dans les livres pour indiquer les divisions d'un chapitre (§).

C'est, par conséquent, à la même Eglise de Laon

que sont faites ces deux donations ; je dis « ces deux donations, » car le texte ne permet nullement d'affirmer avec Fleury (Antiq. et mon., 3e partie, page 176), qu'elles n'en font qu'une et que les 100 livres et les 20 livres de bonne monnaie furent consacrées à l'achèvement des tapisseries. Rien ne fait supposer, en effet, que ces tapisseries étaient inachevées ; au contraire, les expressions prises dans leur sens propre, littéral, montrent qu'elles étaient terminées et représentaient les 12 mois et les 12 signes (du zodiaque).

D'ailleurs, est-il croyable que la confection de ces tapisseries ait exigé d'aussi fortes sommes? La livre valait, à cette époque, environ 80 fr. de notre monnaie (1) ; c'était donc 1,600 fr. que Gaultier de Mortagne donnait chaque année, et en dernier lieu 8,000 fr.

D'autre part, si les 100 livres avaient été destinées à compléter ces tentures, le mot « Operi » de la deuxième phrase serait accompagné d'un autre mot, d'un adjectif démonstratif qui établirait une liaison avec la phrase précédente, il y aurait « *illi operi* » ou « *dicto operi dedit centum libras* » ; mais non, rien ne rattache entre elles ces deux phrases, par consé-

---

(1) « Sous Charlemagne, la livre d'argent pesait 367 gr. et valait 78 fr. de notre monnaie (Saigey. Métrologie, page 119, édit. de 1854). » Note tirée du Dict. de la Langue franç. par Littré, au mot Livre.

Au XIIe siècle, la livre d'argent valait 80 fr. (Viollet-Leduc, Hist. d'un Hôtel-de-Ville et d'une Cathédrale, pag. 84).

quent, le mot « *operi* » séparé de ce qui précède, indique bien un objet spécial et distinct des tapisseries ; c'est l'œuvre, l'édifice par excellence, « *Opus Laudunense* », c'est l'Eglise de Laon dont la reconstruction se continue au moment où Gaultier de Mortagne va terminer sa carrière.

2° Si, maintenant, on donne au mot « *opus* » le sens de «revenus» de l'Eglise « *Redditus, proventus Ecclesiæ* » que lui a souvent attribué le Moyen-Age, tout en lui conservant en même temps le sens de « travaux, édifice, ouvrage » — « *Euvres ædificia appellabant* » (1), on peut encore conclure du texte du Martyrologe que, sous Gaultier de Mortagne, on travaillait à restaurer la Cathédrale, à changer successivement, partie par partie, en église ogivale la vieille basilique restaurée par Barthélemi de Vir et dont ce même prélat avait peut-être lui-même commencé la transformation.

Il ne faut pas oublier, en effet, que le mot « *opus* » désignait un revenu destiné non aux personnes ecclésiastiques, à l'acquisition de droits ou de terres, mais uniquement à la restauration et à l'entretien du monument et des choses nécessaires au culte (2). « *Proventus Ecclesiæ illius reparationi aliisque ad divinum cultum spectantibus destinati.* »

Gaultier donne donc chaque année — *annuatim* — vingt livres de bonne monnaie, somme importante pour l'époque, et en dernier lieu — *novissimé* — une

---

(1) Dictionnaire de du Cange.
(2) Dictionnaire de du Cange.

somme beaucoup plus considérable, 8000 fr. Pourquoi ces offrandes régulières sinon parce qu'il a à cœur de voir se poursuivre les travaux de restauration et que, pour cela, il est absolument nécessaire qu'il ajoute ses aumônes à celles du chapitre et aux ressources fournies par les quêtes que l'on fera encore, comme nous le verrons bientôt, jusque dans les premières années du XIIIe siècle ?

On objectera peut-être avec Fleury (1) que l'épitaphe de Gaultier de Mortagne ne « fait aucune men- » tion de sa coopération à la réédification de la » cathédrale, et qu'on n'y parle que de ses vertus, » de sa sévérité, de sa rigueur même pour son trou- » peau et son bercail, c'est-à-dire pour ses affaires » temporelles. » — « *Texit, correxit, direxit oves et » ovile* ». — Mais le texte que Fleury avait sous les yeux et qu'il a cité, n'avait-il subi aucune altération ? Est-ce bien — *Texit, direxit oves et ovile* — qu'il faut lire ? Ne serait-ce pas plutôt, comme on le voit dans Bellotte (2) et dans l'Histoire manuscrite de Saint-Vincent, par Dom Wiart (3) : « *Rexit, correxit* » *erexit oves et* ovile — Il dirigea, corrigea et *releva* » son troupeau et son *bercail*. » — Et ne pourrait-on alors, dans le vers ainsi reconstitué, voir une allusion au soin que mit Gaultier à relever son troupeau et son bercail, c'est-à-dire, sa cathédrale ? Les figures ne sont pas chose inouïe dans les épitaphes, témoin celle

---

(1) Antiquités et monuments, 3e partie, pag. 178.
(2) Observationes ad ritus, pag. 121.
(3) Pag. 126.

de Barthélemi de Vir, dans laquelle la même Eglise est désignée par le mot — *Matrem* — « *Templa decem, Matrem, loca præsulis hic reparavit.* »

Quel que soit, d'ailleurs, le sens que l'on donne à ces mots : — *Erexit ovile* — Il releva le bercail, l'Eglise, ou, avec Fleury, « les affaires temporelles de son Eglise », ce qu'on ne peut refuser à Gaultier, c'est d'avoir été un grand bâtisseur. Le chanoine anonyme de Laon, cité par Dom Wiart (Hist. manusc. de Saint-Vincent, page 327), le déclare positivement : « Il rendit, dit-il, son épiscopat remarquable par la
» construction de nombreux édifices. — *Mortuo insigni*
» *viro Vualtero de Moretaniâ qui eumdem episcopatum*
» *multis ædificiis insignivit.* »

Mais je reviens au texte du Martyrologe et je dis que ce qui ajoute singulièrement à sa force, c'est qu'il s'accorde parfaitement avec les données de l'archéologie et avec le cartulaire du XIIIe siècle, œuvre de Jacques de Troyes.

La science archéologique constate, en effet, que certaines parties de la cathédrale : le transept, les trois premières travées du chœur, présentent des caractères plus anciens que le reste de l'édifice, les caractères de l'architecture romano-ogivale du milieu du XIIe siècle. Or, avant d'être évêque, Gaultier fut chanoine et même, pendant au moins dix ans, doyen du chapitre de l'Eglise N.-D. — le premier acte signé par lui comme doyen est daté de 1145 (1) — ; il a donc

---

(1) Cart. Jacques de Troyes, page 183.

pu contribuer à la réédification de l'Eglise, dès le début (1), alors même qu'on fixerait avant 1145 le commencement des travaux, car il est peu probable que, malgré sa science et ses vertus, ce prêtre distingué soit devenu doyen du chapitre dès son arrivée à Laon.

L'archéologie affirme encore que certaines autres parties de la cathédrale (la tour de l'horloge, le haut des tours du grand portail, les chapiteaux des dernières travées du chœur, etc., etc.) accusent nettement les caractères de l'architecture et de la sculpture au commencement du XIIIe siècle. Or l'article nécrologique de Gaultier nous fait voir que, peu de temps avant sa mort, ce prélat fit une dernière donation plus importante que les autres. Pourquoi cette donation, sinon parce que l'Eglise n'était pas terminée et que Gaultier, tenant à ce qu'elle fut continuée, y aidait de tout son pouvoir ?

De ce passage du Martyrologe il résulte donc que Gaultier de Mortagne vit le commencement des travaux de la cathédrale actuelle. — « *Quas* (*libras*) » *eidem operi ab initio contulerat annuatim.* »

Il résulte également que la réédification fut entreprise, peut-être sous Barthélemi de Vir, dans la seconde période de son épiscopat, alors que Gaultier était

---

(1) « Dedit operi Laudunensi 100 libras præter viginti lib. bonæ monetæ quas eidem operi ab initio contulerat annuatim » (Martyr. eccl. Laud., pag. 168).

chanoine, c'est-à-dire vers 1145 (1), mais certainement sous l'épiscopat de ce dernier, c'est-à-dire de 1155 à 1174.

Il résulte enfin qu'en 1174, à la mort de Gaultier de Mortagne, la cathédrale n'était pas achevée.

Cette dernière conclusion est surabondamment confirmée par les textes suivants du Cartulaire de Jacques de Troyes : 1° à la page 125 du précieux recueil, n° XXI, on lit la copie d'un acte par lequel, en l'année 1205, Jean de Chermizy fait « don à l'Eglise Sainte » Marie de Laon d'une terre qu'on doit creuser et » d'où l'on extraira des pierres pour la construction » et les chapelles de la susdite église. » — « *Johannes,* » *nobilis vir de Chermisi, dedit in eleemosynam in perpe-* » *tuum Ecclesiæ Beatæ Mariæ Laudunensis, assensu* » *Gertrudis matris suæ, terram ad fodiendum et extra-* » *hendum lapides ad opus* (2) *et officinas* (3) *Ecclesiæ* » *supradictæ..... anno Dni 1205.* »

Pourquoi Fleury, qui a eu connaissance de ce texte, puisqu'il le cite, en fait-il si peu de cas ? Peut-être a-t-il eu quelque doute sur la valeur des documents dans lesquels il l'avait puisé ? Il eût été moins timide

---

(1) L'article nécrologique de Barthélemi de Vir (Martyr. p. 165) confirmerait cette conclusion lorsqu'il rapporte que cet évêque « fit bâtir à ses frais le pavé du chœur, le campanile et le cellier », si ces paroles ne pouvaient s'appliquer également à la réparation exécutée en 1113 et en 1114.

(2) Nouvel exemple du mot — opus — employé par le Moyen-Age dans le sens de travaux, construction, édifice.

(3) Le mot — officina — qui veut dire « atelier » a souvent servi, au Moyen-Age, à désigner les chapelles des églises. — Ecclesiæ officinæ, les Chapelles (du Cange)

certainement, s'il eût eu entre les mains le volumineux recueil de Jacques de Troyes.

2° Le second texte, tiré de documents, dans lesquels il est question de l'office des coûtres (1) de la cathédrale — custodes —, nous apprend qu'en 1221 on allait encore, de ville en ville, présenter à la vénération des fidèles des reliques renfermées dans une châsse spéciale appelée « châsse de l'œuvre — *capsa operis* » et qu'on faisait en même temps des prédications pour recueillir des offrandes destinées aux travaux de la cathédrale : « .....Les coûtres laïcs disposent, quand il
» le faut, les châsses, excepté la *châsse de l'œuvre*;
» quand celle-ci est portée pour les prédications que
» l'on fait en faveur de la construction, c'est le maître
» de l'œuvre qui en est alors chargé. » — « *Item laici*
» *custodes administrant capsas quandocumque opus est,*
» *præter capsam operis quando vadit in prædicationem*
» *pro opere, quam tunc administrat magister operis.....*
» *anno Dni 1221, mense Augusto.* » (2).

3° Enfin, le même précieux Cartulaire, en nous donnant, à la page 137 (XXIX), la date approximative de la construction de la petite porte, qui se trouve sur le côté du grand portail, en face de l'ancien Hôtel-Dieu, affirme encore une fois qu'on travaillait à la cathédrale dans les premières années du XIIIe siècle. Dans un acte daté de 1226 et qui a pour objet de

---

(1) Gardiens, sacristains. — Custodes.
(2) Cart. Jacques de Troyes, pag. 233, 2e colonne, vers le milieu et page 234, 1re colonne, 11e ligne.

déterminer à qui appartient le droit de justice sur les maisons construites ou à construire entre la porte qui se trouve en face de l'Hôpital Sainte-Marie et la Tour Saint-Thomas, cette porte est appelée : « *Porte nouvelle* » — « *Novo ostio* » — (1). Donc, si l'on ne travaillait plus à l'Eglise en 1226, il y avait peu de temps que les travaux avaient cessé.

B. Passons maintenant à l'examen des principaux caractères d'architecture que présente la cathédrale.

Lorsqu'on visite N.-D., la première chose qui frappe, c'est l'unité et la régularité de la construction. Il semble que ce splendide édifice soit sorti de terre tout d'une pièce, que le même architecte en ait dirigé les travaux, que les mêmes ouvriers les aient exécutés ; mais quand on veut prendre la peine d'examiner en détail chaque partie, on ne tarde pas à constater des différences sensibles.

Ainsi, le transept, les trois premières travées du chœur sont franchement du style romano-ogival du milieu du XIIe siècle. On y voit, en effet, l'arc ogival employé concurremment avec le plein-cintre ; les bases des colonnes sont invariablement carrées, garnies de pattes et ornées de moulures dont l'ensemble rappelle la base attique ; les chapiteaux ont

---

(1) « A. (nselmus) Dei gratiâ Laudunensis episcopus, omnibus præsentes litteras inspecturis salutem in Dno..... Nos ergo habito bonorum virorum consilio, ita duximus ordinandum quod domus ædificatæ vel ædificandæ, sicut inceptum est, ab *novo hostio* Ecclesiæ antè hospitale Beatæ Mariæ usque ad turrim beati Thomæ, ipsi Ecclesiæ Laudunensi remaneant. »

conservé l'ornementation si riche et si variée qui caractérise la dernière période du roman, leur corbeille est chargée de feuilles contournées, d'entrelacs, de galons perlés, quelques-uns même sont historiés.

Un vice de construction enfin, ou tout au moins une disposition désagréable à l'œil et qui n'existe que dans cette partie de l'Eglise, indique clairement les imperfections d'un style qui se modifie, les hésitations d'une époque de transition. Ce vice consiste en ce que, dans les faisceaux de colonnettes, la partie supérieure de la colonnette, qui reçoit la moulure du formeret, au lieu de s'appuyer d'aplomb sur la partie inférieure et de suivre une même ligne verticale, se trouve rejetée sur le côté. Cette irrégularité provient de ce que les colonnettes du faisceau sont trop serrées les unes les autres à leur partie inférieure.

Tous ces caractères et d'autres encore, qu'un œil exercé pourrait découvrir, montrent clairement que cette partie de la cathédrale est la plus ancienne et qu'on peut, sans témérité, l'attribuer à l'époque indiquée précédemment.

Il est difficile de déterminer à quelle époque précise appartient la nef.

Un examen attentif peut cependant, ici encore, faire distinguer quelques caractères particuliers qui autorisent, il me semble, le classement suivant :

Dans les cinq premières travées de la nef, à partir du transept, les chapiteaux ne sont plus guère romans, sans doute ; mais on y voit, au moins dans les nefs latérales, le même système de voûtes que dans la partie la plus ancienne. Dans ces voûtes, le sommet de l'arc-doubleau, au lieu de s'élever au niveau de la clef de voûte, est sensiblement plus bas, ce qui forme au-dessus de chaque travée une espèce de petit dôme ou plutôt une voûte d'arête, en manière de dôme, que quelques auteurs appellent voûte dômicale. Cette disposition ne se trouve aussi accentuée que dans le transept et le commencement du chœur.

On remarque de plus que les arcades du rez-de-chaussée sont un peu moins élevées ; que les colonnettes qui reçoivent le formeret et encadrent la partie supérieure de chaque travée, s'appuient bien d'aplomb cette fois sur celles du faisceau qui doivent les supporter ; mais on voit aussi que l'architecte obligé, pour arriver à ce résultat, de séparer l'une de l'autre les colonnettes du faisceau, n'a pas osé les appuyer uniquement sur le chapiteau de la grosse colonne. Au risque d'enlever de la légèreté et peut-être de la grâce à son œuvre, il les a fait reposer sur d'autres colonnettes qui accompagnent et cachent en partie la colonne principale. Il y a là encore un tâtonnement, un essai qui, avec les autres caractères signalés précédemment, fait supposer qu'on aurait commencé de ce côté la reconstruction de la nef.

Après la cinquième travée, le style s'éloigne davantage des traditions romanes ; on voit quelques chapiteaux et quelques bases de forme octogonale, les pattes ou griffes sont plus rares ; le faisceau de colonnettes repose hardiment sur le chapiteau de la grosse colonne ; les hésitations sont vaincues ; le nouveau style apparaît dans sa majestueuse simplicité.

En même temps que la nef, on éleva le portail et les tours, lesquelles cependant paraissent n'avoir été terminées qu'au commencement du XIII° siècle. Toutes les sculptures de ces parties de l'édifice ne furent pas non plus exécutées en même temps ; un simple coup d'œil fait reconnaître qu'au grand portail, par exemple, celles qui ornent la porte de gauche (midi) sont antérieures à celles des portes du centre et de droite.

III. — Modifications apportées au plan primitif dans le XIII° et le XIV° siècle.

1° LE CHEVET CARRÉ.

La cathédrale fut primitivement terminée par une abside circulaire ; les fouilles opérées en ces derniers temps, le commencement de courbure qu'on remarque encore au soubassement des colonnes dans la 4° travée du chœur, ne laissent sur ce point aucun doute ; la forme même et le genre d'ornementation de plusieurs chapiteaux de la 4°, de la 5° et de la 6° travée, à partir de la lanterne, témoignent qu'ils ont appartenu à une construction antérieure et qu'on a fait entrer les matériaux de l'ancienne abside dans le prolongement du chœur.

Ce changement de l'abside circulaire en chevet

carré eut lieu dans les premières années du XIIIe siècle et non, comme le pense Fleury, sous l'épiscopat de Gaultier de Mortagne (1155-1174). Nous avons vu précédemment, en effet, qu'en 1205 « Jean de » Chermisy avait donné une carrière pour la cons- » truction et les chapelles de l'Eglise N.-D. » (1).

Or un examen attentif qu'a bien voulu faire l'appareilleur de la cathédrale (2), a donné lieu aux constatations suivantes :

On ne trouve la pierre de Chermisy, généralement employée, que dans le chœur où elle est en grande quantité, surtout dans les trois dernières travées et le chevet (3); mais on n'en rencontre nulle part dans les premières travées du chœur, le transept, la nef et le grand portail. De ces deux faits bien établis, savoir : 1° la présence de la pierre de Chermisy dans le prolongement du chœur; 2° la donation de la carrière en 1205 ; on ne peut, il me semble, tirer une autre conclusion que celle-ci : l'abside circulaire de la cathédrale fut abattue et remplacée par un chevet carré au début du XIIIe siècle.

Quel motif engagea le Chapitre à opérer ce changement ? le nombre croissant de ses membres ? Je ne

---

(1) Voir page 30.
(2) M. Piéplu.
(3) On constate encore la présence de cette pierre dans quelques autres parties de l'Église, dans l'abside de la chapelle actuellement dédiée à Saint Joseph, à la partie supérieure du commencement de tour qui s'élève sur le côté Est du portail méridional et dans la tourelle qui se trouve dans la cour de la sacristie.

le pense pas. Il n'y avait pas plus de chanoines sous Roger de Rozoy (1174-1207), que sous Barthélemi de Vir (1). Il faut chercher la raison de cette transformation dans l'usage qui prévalut au XIIIe siècle, de placer l'autel, non plus au centre de l'Eglise, en avant du chœur (sous la lanterne ou le clocher qui devaient indiquer à l'extérieur l'endroit où reposait le T. S. Sacrement), mais à l'extrémité, sous le rond-point de l'abside. Elevé à cette place, l'autel prenait nécessairement un espace considérable occupé auparavant par les chanoines ; le chœur devenait alors trop petit, il fallait l'agrandir ; on le fit.

D'autre part, enfin, les détails architectoniques : les bases des colonnes avec leurs moulures plus écrasées qu'en aucun autre endroit du momument, le galbe et l'ornementation des chapiteaux, les arcs constamment en ogive, les trois grandes lancettes du chevet accusent une époque postérieure à certaines autres parties de l'édifice et présentent tous les caractères du style ogival au commencement du XIIIe siècle.

---

(1) Le Chapitre de la cathédrale de Laon était un des plus illustres de France. Dès le XIIe siècle, il comptait 84 membres présidés par le Doyen. — Trois papes en sont sortis : Jacques Pantaléon, de Troyes, qui prit le nom d'Urbain IV et régna de 1261 à 1265. C'est lui qui institua la fête du T. Saint Sacrement et donna à sa sœur, abbesse de Montreuil-en-Thiérache, la précieuse image de la Sainte Face, actuellement vénérée à la cathédrale. — Les deux autres papes sont : Nicolas III (Jean Cajétan des Ursins), 1277 à 1281, et Clément VI (Pierre Roger ou Rougé), 1342 à 1352. (Antiquités religieuses du diocèse de Soissons et Laon, par M. Lequeux, tome 2, pag. 26.) Seize cardinaux et plus de cinquante archevêques et évêques sont également sortis du Chapitre de N.-D. de Laon.

2º Les Chapelles.

Quant aux nombreuses chapelles qui entourent l'Eglise, celle dite des Fonts, sur le côté méridional de la nef, appartient à la fin du XIIe siècle ou au début du XIIIe.

L'abside qui se trouve à l'Est de la travée extrême du transept méridional, est du commencement du XIIIe siècle. On y a constaté, en effet, la présence de la pierre de Chermisy; or, comme nous l'avons dit plus haut, la carrière qui fournissait ces pierres, ne fut donnée qu'en 1205. Ce fut donc à cette époque, alors que le prolongement du chœur supprimait les chapelles absidales, qu'on fut obligé, pour les remplacer, de construire cette chapelle, ainsi que celle qui s'élève à l'Est du transept septentrional. En raison de la similitude du style, doivent être attribuées au même temps : la sacristie placée dans l'angle formé par le chœur et le transept méridional, la chapelle qui lui fait pendant du côté du Nord, et une partie de celle qui s'ouvre à l'extrémité du chœur sur le côté Sud du chevet.

Toutes les autres chapelles, pratiquées entre les contreforts du chœur et de la nef, appartiennent à la fin du XIIIe siècle et au XIVe. Les plus anciennes seraient celles de la nef, comme semblent l'indiquer leurs fenêtres divisées par un seul meneau et ornées d'une rosace unique, la forme de leurs pinacles, et l'ensemble de leur décoration.

Celles du chœur appartiendraient plutôt au XIVe

siècle, car on y remarque les caractères de cette époque : du côté du Nord, des frontons ornés de feuilles de chardons recourbées, quelques larges baies à rosaces multiples ; du côté du Midi, plusieurs fenêtres dont les divisions rappellent celles de la grande ouverture rayonnante du transept, laquelle est généralement attribuée « au XIVᵉ siècle plus qu'adolescent. » (1).

3º Le Transept.

Des remaniements considérables eurent lieu, au XIVᵉ siècle, à l'extrémité de chaque transept. Le portail du Midi fut complètement refait et la grande rose qui s'y épanouissait, remplacée par une vaste fenêtre à dessins rayonnants. A l'intérieur, la travée qui touche ce portail, a également subi de notables modifications. La même transformation devait s'opérer au transept Nord ; quelques sculptures dans la dernière travée et le commencement d'une fenêtre semblable à celle du Midi, le prouvent surabondamment ; mais l'œuvre ne fut pas continuée.

Dans son ensemble donc, la cathédrale appartient à la seconde moitié du XIIᵉ siècle et au commencement du XIIIᵉ. Elle s'élève successivement sous les divers épiscopats qui remplirent cette période ; mais il n'est pas facile de préciser la part qui revient à chacun d'eux dans cette œuvre admirable.

---

(1) Fleury (Ant. et Monum. 4ᵉ part., pag. 178).

IV. — *La Cathédrale depuis le XIIIe siècle jusqu'à nos jours.*

I. — Au cours du XIIIe et du XIVe siècle, outre les constructions et modifications dont il vient d'être parlé, on ne signale guère, concernant la cathédrale, que deux faits d'une certaine importance.

Le premier est la cessation de l'office divin pendant près de trois ans (1294-1297), cessation qui eut pour cause le fait suivant : Deux chevaliers, ayant reçu l'hospitalité chez un bourgeois de la ville, se prirent de querelle avec lui. Attirés par le bruit de la lutte qui s'était engagée entre eux, les voisins accoururent armés de pierres et de bâtons, mirent en fuite les chevaliers qui n'eurent d'autre ressource, pour échapper au mauvais parti dont les menaçait la foule, que de se réfugier dans la cathédrale, où ils furent reçus par un clerc, leur parent. La commune fit alors sonner le tocsin, se rassembla et il fut décidé que vengeance serait tirée de l'insulte dont les chevaliers s'étaient rendus coupables. Malgré les prières des chanoines, qui ne pouvaient se prêter à l'exécution d'un jugement si précipité, les habitants envahirent l'église, s'emparèrent du clerc et des deux chevaliers et les maltraitèrent tellement que l'un d'eux en mourut. L'église profanée par l'effusion du sang, le Chapitre dut, conformément à la loi canonique, y cesser la célébration des divins offices. La Sainte Eucharistie fut enlevée et les portes fermées. Le pape Boniface VIII, le roi Philippe le Bel durent intervenir dans cette affaire qui ne fut terminée qu'après plus de deux ans par la réparation solennelle que firent les habitants au doyen et au Chapitre. Pendant ce temps, les chanoines célébrèrent l'office et tinrent chapitre à Bruyères (1).

Le second fait est un accident sur lequel les détails manquent. D'après un document conservé aux Archives de l'Aisne (2), la foudre serait tombée sur une des tours de la cathédrale le 2 août 1343. Nous ne savons si elle y causa des ravages considérables.

II. — Le XVe siècle n'a guère laissé de traces dans la cathédrale. L'histoire signale seulement de nombreuses représentations de mystères, représentations auxquelles les chanoines eux-mêmes ne dédaignaient pas de figurer comme acteurs (Regist. Capit.). — « En 1462, aux fêtes de la Pentecôte, on joua la Passion de N. S. J.-C., distribuée en cinq journées. — Le 26 août 1476, on représenta un mystère intitulé : Les jeux de la vie de Monseigneur Saint Denis. » (3).

Le XVIe siècle est marqué par la construction, en style de la Renaissance, du plus grand nombre des devantures des chapelles latérales. L'une de ces devantures, la plus ancienne probablement, porte la date de 1522 ; elle se trouve en avant de la chapelle élevée dans l'angle formé par la nef et le transept du Midi ; deux autres du même côté sont datées de 1575 ;

---

(1) Cart. Jacq. de Troyes. — Appendice, pages 313 à 316 et pag. 321. — France Pontif., par Fisquet, pag. 257.

(2) G, 134.

(3) Essai hist. et archéolog. sur l'Eglise cathédrale de Laon, par J Marion, pag. 13 et 14,)

une quatrième, du côté opposé, est de 1574 ; une cinquième, sur le côté gauche du chœur, est de 1575 ; une sixième enfin, à droite du chœur, porte la date de 1620.

Pendant tout le Moyen-âge, la cathédrale avait été, à certaines époques de l'année, le théâtre de scènes les plus étranges. « On y célébrait, le 28 décembre, la fête des Innocents, pendant laquelle les enfants de chœur portaient des chapes, occupaient les hautes stalles du chœur et chantaient l'office avec toute espèce de bouffonneries ; le soir ils étaient régalés aux frais du Chapitre. » (Dom Bugniâtre). — « Huit jours après venait la fête des Fous. La veille de l'Epiphanie, les chapelains et les choristes se réunissaient pour élire un pape qu'on appelait le pape ou patriarche des fous. On offrait à ce patriarche le pain et le vin de la part du Chapitre... Toute la troupe se revêtait d'ornements bizarres et avait, les deux jours suivants, l'église entière à sa disposition. Après plusieurs cavalcades par la ville, la fête se terminait par la grande procession des *rabardiaux*. Ces farces furent abolies en 1560 ; mais le souvenir s'en conserva dans l'usage qui subsista, jusqu'au dernier siècle, de distribuer à la messe de l'Epiphanie, des couronnes de feuilles vertes aux assistants. (Dom Bugniâtre). » (1)

En 1566, la cathédrale fut le théâtre de faits extraordinaires à l'occasion de l'exorcisme d'une démoniaque, originaire de Vervins et nommée Nicole Obry.

---

(1) Essai hist. et arch. sur la cathéd. de Laon, par Marion, pag. 13.

Le récit détaillé de ces faits se trouve dans un livre spécial publié par l'abbé Roger. (1)

Au XVIe et au XVIIe siècle, divers accidents plus ou moins graves se produisirent à la cathédrale. La foudre y tomba plusieurs fois. En 1531, le 20 juillet, elle met le feu à la flèche de l'horloge, mais de prompts secours empêchent l'incendie de se propager. En 1542, le 15 août, le feu du ciel éclate de nouveau sur l'église et tue un homme. En 1585, le 25 décembre, pendant un sermon, la foudre tombe avec un épouvantable fracas, mais n'atteint personne et ne cause à l'édifice aucun dégât considérable.

En 1692, le 18 septembre, un tremblement de terre fait osciller les tours, et leur fait perdre un peu de leur aplomb. Les habitants effrayés s'enfuient. Toutefois on ne constate aucun dégât très sérieux.

III. — Dix-huitième siècle. — Le commencement du XVIIIe siècle fut signalé par un accident qui aurait pu avoir les suites les plus désastreuses. Dans la nuit du 28 au 29 juin 1720, un orage mit le feu en plusieurs endroits de la charpente de l'église, et, comme l'eau arrivait difficilement à cette hauteur, le terrible élément menaçait de causer les plus grands ravages ; mais, grâce au dévouement de la population toute entière, on put se rendre maître du feu. Une procession, qui subsista jusqu'à la révolution, fut instituée pour remercier Dieu d'avoir, en cette périlleuse circonstance, préservé la cathédrale.

(1) Histoire de Nicole de Vervins, par l'abbé Roger.

En 1750 on abattit, comme inutile, une flèche en bois élevée sur le commencement de tour qui se trouve au portail du Nord. (1).

En 1789 éclate la *Révolution*. C'est pour la cathédrale la période la plus funeste. Non-seulement elle est fermée au culte catholique (1790), dépouillée de ses richesses et de son précieux mobilier (1792); mais elle est affectée à la tenue des marchés aux grains et sert de halle pendant quelques semaines (1793) ; elle devient successivement temple de la déesse Raison (1793) et de l'Être suprême (1794) (2). Son existence même est, en ces tristes jours, sérieusement menacée. Au grand portail, toutes les statues sont jetées à terre et brisées, toutes les figurines qui ornent les voussures, décapitées et mutilées. En vertu d'un arrêté qui avait ordonné le renversement des clochers, la flèche en pierre qui s'élevait sur la tour méridionale de la façade principale, une autre en bois qui faisait pendant à la tour de l'horloge sur le portail du Midi, tombent sous le marteau du plus stupide vandalisme (1793-1794) ; les tours elles-mêmes sont à deux doigts de leur perte, car la municipalité de Laon, qui a toujours peur de ne pas faire assez mal, s'est demandé ce qu'il faut entendre au juste par le mot « clocher ». Est-ce la seule flèche terminale ou la tour et la flèche ensemble ? « L'affaire était ardue, dit Fleury (3), et le mot

---

(1) Melleville. Hist. de Laon, t. I, pag. 98.
(2) Voir, pour les détails, « Le Clergé de l'Aisne pendant la Révolution », par Fleury.
(3) Antiq. et Monum., III⁰ par., pag. 192.

» méritait une définition. Comme le Conseil ne put
» s'entendre, il demanda une interprétation à l'admi-
» nistration départementale, dont le Directoire ne se
» crut pas assez fort en linguistique pour décider la
» question à lui seul et qui appela à son aide les
» lumières spéciales de l'ingénieur en chef du dépar-
» tement. Les quatre belles tours de la cathédrale, ces
» sœurs jumelles qui avaient ensemble bravé la fureur
» de tant d'ouragans, merveilles uniques au monde
» d'élégance et de hardiesse, coururent un grand
» danger ce jour-là. Heureusement pour elles, l'ingé-
» nieur en chef était homme de goût et d'esprit. Sans
» se compromettre, il sauva de la ruine les tours
» menacées, en affirmant que leur démolition lui
» paraissait compromettante pour la solidité du reste
» de l'édifice et qu'il lui fallait une étude longue et
» sérieuse avant de rien arrêter. Les républiques
» passent et les belles tours de Notre-Dame vivent
» encore plus solides que jamais, grâce à l'ingénieur
» qui s'appelait Becquey de Beaupré, nom qu'il est
» bon de conserver pour l'histoire de l'art et de
» l'archéologie. »

En 1795 (11 prairial) la cathédrale est rendue provisoirement au culte, fermée de nouveau en 1798; rouverte le 25 décembre 1799, le décret du 12 floréal an x (28 avril 1802) y assure définitivement et officiellement l'exercice du culte catholique.

IV. — *Le dix-neuvième siècle.* — On s'efforça, pendant les premières années du XIXe siècle, de faire disparaître les traces qu'avait laissées dans la cathédrale l'orage révolutionnaire ; mais, hélas ! ce monument de la piété et du génie de nos pères ne retrouva pas son antique splendeur. Son siège épiscopal renversé ne fut pas rétabli ; son nombreux et puissant Chapitre dispersé ne se réunit plus pour faire monter vers le Ciel les notes graves et harmonieuses de la divine psalmodie ; de ses trésors, de ses précieux reliquaires; de ses vases sacrés d'or et d'argent, de ses riches ornements, de ses magnifiques tentures, elle ne retrouva rien ! — *Sion desolata* !

Les chroniques signalent, au cours de ce siècle, trois principaux accidents.

Le 7 mai 1844, la foudre éclata sur la petite flèche de la tour de l'horloge et y mit le feu. L'incendie heureusement ne se propageant qu'avec lenteur, on put l'éteindre et préserver l'édifice.

Pendant la guerre de 1870, le 9 septembre, la formidable explosion de la poudrière causa de sérieux dégâts à la cathédrale. Les belles verrières du XIIIe siècle qui ornaient le chevet, furent ébranlées et en partie jetées à terre ; elles étaient irrémédiablement perdues sans le dévouement d'un ami de l'art, M. E. Midoux, qui eut la patience d'en ramasser les fragments épars sur le pavé et de les réunir. Ces débris ont été du plus grand secours pour la restauration de ces vitraux, accomplie de 1873 à 1875 aux frais de l'Etat.

Quelques années plus tard, en 1886, dans la nuit du 26 au 27 mai, la foudre tomba de nouveau sur la cathédrale. « Après avoir contourné le sommet de la tour du portail du Nord, elle descendit jusqu'à la rencontre de cette tour avec la terrasse du portail et alla se perdre au Sud de l'édifice près de l'ancien cloître, dans la cour de la Chambre des Notaires. Dans cette course, le fluide électrique détacha du haut de la tour un certain nombre de pierres, entre autres une de 200 kilos qui, en tombant, effondra le toit d'une maison voisine ; il arracha également à l'angle de la terrasse et du côté gauche de la tour un bloc énorme de pierre dont les fragments furent précipités sur la place qui se trouve en avant de la façade » (1).

Mais ce qu'il y a de plus important à mentionner dans ce siècle, c'est la *restauration* de la cathédrale.

Entreprise en 1853, sous les auspices et avec les allocations de l'Etat, à la suite d'une visite de M. Léon Faucher, ministre des travaux publics, cette œuvre se poursuit depuis lors sans interruption ; le grand portail et ses deux tours, la nef, ses bas-côtés et ses chapelles, la lanterne, les quatre chapelles qui se trouvent à l'Est du transept, celle des Fonts et une grande partie de l'extérieur du chœur sont achevés. A l'heure présente (1890), de grands travaux sont commencés pour réparer la tour de l'horloge.

Dirigée depuis son début par M. Boeswilwald, un architecte qui connaît à fond l'art du Moyen-âge et sait rendre aux antiques monuments leur véritable caractère (2), cette restauration est une des plus

---

(1) *Journal de l'Aisne.*
(2) La surveillance des travaux est confiée depuis la même époque au zèle expérimenté de M. l'architecte Gauthier.

remarquables que l'on puisse voir : « On se trouve,
» lisons-nous dans un compte-rendu de la Gilde de
» St-Thomas et de St-Luc (1), en face d'un restaura-
» teur intelligent et scrupuleux qui a fait entrer dans
» ses ouvrages le plus possible des anciennes pierres ;
» quant aux sculptures, elles sont tellement réussies
» que plus d'une fois, en présence d'une statue mo-
» derne, on a pu se dire : c'est bien là une statue du
» XIIe siècle ».

En 1857, Sa Sainteté le Pape Pie IX voulut bien honorer l'Eglise Notre-Dame du titre de Basilique mineure. Le bref apostolique de l'érection porte la date du 10 mars.

Je ne puis, avant de terminer cet aperçu historique, ne pas dire un mot des améliorations considérables, apportées au mobilier de la cathédrale depuis ces dix dernières années. Grâce au zèle et au goût sûr et délicat de M. l'archiprêtre Baton, grâce au concours intelligent du Conseil de Fabrique, l'église s'est enrichie de nombreux ornements sacerdotaux, de reliquaires (1885), de vases sacrés ornés de perles et de pierres précieuses, de deux autels érigés (1888) au chevet de l'église, à l'extrémité des collatéraux du chœur ; au-dessus de celui dédié au Sacré-Cœur, une verrière, style XIIIe siècle, a été posée à la même époque. La belle et haute grille en fer forgé qui entoure le sanctuaire, commencée en 1874, est terminée en 1879 ; l'ancienne grille (style Louis XV) qui séparait le chœur et la

(1) Bulletin de la 20e réunion (1888), pag. 296.

nef, est restaurée et reprend sa place (1887) ; une troisième enfin, de même matière et de même forme, mais moins haute que celle qui environne le sanctuaire, vient d'être posée (1889) pour servir de table de communion. En cette même année (1889) l'ancien Chemin de Croix, peint sur toile et dont l'effet était absolument disgracieux, fait place à un nouveau qui s'harmonise parfaitement avec le style de l'église.

J'ai dit plus haut que la cathédrale s'était, en ces derniers temps, enrichie de reliquaires. Ils sont au nombre de dix-huit : l'un, vraiment magnifique, contient la Sainte Face de Notre Seigneur ; les autres renferment les nombreuses reliques que possède l'église. L'acquisition en fut faite en 1885 et donna lieu, le 12 juillet, à une très solennelle translation. Cette cérémonie, que présida Monseigneur Langénieux, archevêque de Reims (1), et à laquelle assistèrent N. N. S. S. Thibaudier, évêque de Soissons (2), et Péronne, évêque de Beauvais, escortés d'un nombreux clergé, attira dans la ville une grande multitude de fidèles. Ce fut pour l'église Notre-Dame comme un écho des jours de son ancienne splendeur. Quel admirable spectacle que celui de cette foule innombrable, sympathique et recueillie, au milieu de laquelle se déroulait une interminable procession ! Quel spectacle que celui de cette longue file de châsses, s'avançant avec lenteur et majesté, portées par des enfants, des membres

---

(1) Aujourd'hui cardinal de la sainte Église romaine.
(2) Archevêque de Cambrai depuis 1889.

de congrégations religieuses et des prêtres! Vraiment on se serait cru, non en un temps d'indifférence et de lutte, mais aux plus beaux jours de foi et d'enthousiasme religieux du Moyen-âge.

Puissions-nous voir encore de ces grandes et consolantes manifestations de la foi chrétienne! Puissions-nous aussi voir la cathédrale sortir bientôt des mains de l'ouvrier, et nous apparaître enfin dans toute la majesté et la splendeur des anciens jours ! *Fiat! Fiat!*

DESCRIPTION

CHAPITRE PRÉLIMINAIRE

I. — *Aspect général.*

Il est peu d'édifices qui présentent un aspect plus imposant que celui de la cathédrale. L'ampleur de sa construction, la régularité de son plan et de son ensemble malgré les remaniements successifs qu'elle a subis, ses proportions harmonieuses, le nombre et la hardiesse de ses tours, la quantité considérable et la richesse de ses sculptures, tout frappe et jette l'âme dans l'étonnement et l'admiration. Le monument, par malheur, n'est pas suffisamment isolé. Sa splendide façade s'élève sur une place trop peu étendue, bien qu'elle ait été agrandie, il y a quelques années; le reste de l'édifice est plus ou moins resserré et masqué par des constructions particulières ; et pour jouir du majestueux spectacle qu'offre son ensemble, il faut se rendre à l'extrémité de la ville, sur le plateau de St-Vincent, près de la nouvelle caserne. On peut cependant, sans s'éloigner autant, avoir une vue d'ensemble bien remarquable aussi ; il suffit pour cela de se diriger vers l'Est jusque sur les glacis de la citadelle, et de se placer près de la petite porte qui ouvre sur la promenade du Nord. De cet endroit on saisit d'un seul regard les tours, la lanterne, le chœur, le chevet avec sa grande rose et ses lancettes, et, pour compléter le tableau, une partie de l'ancien et si intéressant palais épiscopal.

Je dois à l'extrême obligeance de Mme Fleury, veuve de l'éminent auteur des « Antiquités et Monuments du département de l'Aisne » et de tant d'autres précieux ouvrages, toutes les gravures sur bois reproduites dans le texte de ce livre. Je la prie de vouloir bien agréer ici l'expression de ma plus profonde gratitude.

II. — *Plan*.

L'édifice offre en plan la disposition d'une croix latine dont la partie supérieure serait presque égale à l'inférieure. (1)

Trois porches profonds [1] précèdent le grand portail et les tours [2] de l'Ouest. La nef [3], divisée en douze travées, est accompagnée de collatéraux [4] surmontés de larges galeries, et de quinze chapelles [5] élevées entre les contreforts. La première de ces chapelles [6], sur le côté méridional, est beaucoup plus vaste que les autres; elle forme à elle seule un petit monument composé de trois nefs ayant chacune deux travées, et d'une abside carrée [7], qui prolonge vers l'Est la partie du milieu; c'est la chapelle des Fonts. Elle est en communication, d'une part avec la cathédrale, de l'autre avec la première travée [8] de l'ancien cloître des chanoines.

Le transept [9], au milieu duquel s'élève la lanterne [10], a de chaque côté quatre travées accompagnées de collatéraux et surmontées de galeries; à chacune de ses extrémités s'ouvre un portail [11] flanqué de deux tours [12], dont une seule de chaque côté [13] s'élève au-dessus des combles de l'édifice. De plus, à l'Est de la dernière travée de chaque transept, se trouve, au rez-de-chaussée et à l'étage, une chapelle terminée en abside polygonale [14].

Le chœur [15] n'avait autrefois que trois travées et se

---

(1) Voir fig. 1 le plan levé par M. Jules Alard, élève-architecte à Reims.

terminait par une abside semi-circulaire, [16] comme l'indique le plan. Prolongé au commencement du XIIIe siècle, et non pendant l'épiscopat de Gaultier de Mortagne, comme le suppose Fleury (1), il compte aujourd'hui dix travées, se termine par un chevet carré [17] et est accompagné, comme la nef, de collatéraux, de galeries et de douze chapelles [18] construites dans l'intervalle des contreforts. L'une de ces chapelles [19], celle qui s'élève au Sud du chevet, est plus ancienne et plus grande que les autres; elle est actuellement divisée en deux parties.

Dans les angles formés par la rencontre du chœur et du transept, ont été construites deux grandes chapelles [20] de forme quadrangulaire et dont l'une sert de sacristie. [21]

Au Midi de la cathédrale, entre le grand portail et le transept, se trouvent et l'ancien cloître[22], dont une partie a été transformée en habitations particulières, et, dans l'espace compris entre ce cloître et la nef, la salle du chapitre [23] qui communique par un petit couloir [24] avec le transept méridional.

III. — *Architecte.*

Par qui fut dressé ce plan si régulier ? Quel homme de génie en est l'auteur ? Qui a conçu cet ensemble merveilleux, lancé dans les airs ces tours si belles et si hardies ? Nous sommes obligés, hélas ! de déclarer que le nom de cet architecte est inconnu.

(1) Antiq et Monum. Tome III. pag. 222.

IV. — *Orientation, Appareil.*

Conformément aux traditions chrétiennes, la cathédrale est orientée et son axe longitudinal se dirige exactement de l'Est à l'Ouest.

L'appareil n'offre pas toujours des assises de pierres parfaitement régulières; les unes sont plus larges (0^m35, 0^m40 et même quelquefois plus de 50 centimètres), les autres sont plus étroites (0^m30, 0^m25 et même 0^m20).

Toutes les pierres sont blanches et ont été tirées de la montagne même de Laon et des carrières des environs.

V. — *Principales dimensions de la cathédrale*

Longueur totale, à l'extérieur. . . .	121^m »
Id. à l'intérieur. . . .	111^m »
Longueur totale de la nef	53^m75
Id. du chœur	45^m »
Id. du transept.	53^m75
Largeur totale (nef, collatéraux et chapelles).	30^m65
Largeur du chœur et de la nef. . . .	12^m »
Id. du transept	12^m »
Id. des bas-côtés	4^m75
Hauteur des voûtes de la nef, du transept et du chœur	24^m »
Hauteur de la voûte de la lanterne . .	40^m »
Id. des voûtes des bas-côtés . . .	8^m20
Id. des galeries . . .	5^m40

Hauteur des tours du grand portail . . 56ᵐ »
Id. de la tour du portail du Nord . 60ᵐ50
Id. du portail du Midi
avec sa flèche . . . . 75ᵐ »
Hauteur de la lanterne (extérieur) . . . 48ᵐ50

I. — EXTÉRIEUR.

Nous commencerons la description de la cathédrale par le grand portail. Pour bien juger de l'ensemble, on se rendra d'abord à l'extrémité de la place du Parvis ; puis on se rapprochera pour examiner les détails.

CHAPITRE I.

Le Grand Portail.

Le grand portail, dont les proportions sont si harmonieuses malgré certains défauts, et dont la décoration est si riche et si variée, se divise en trois parties dans le sens de la largeur : les deux tours qui le terminent de chaque côté, et l'espace compris entre ces deux tours ou portail proprement dit. Dans le sens de la hauteur, il comprend également trois divisions : au rez-de-chaussée, les trois porches ; au-dessus, la grande rose et les baies qui l'accompagnent ; enfin une galerie au-dessus de laquelle les tours s'isolent et forment deux hauts étages.

Comme ceux de Chartres, de Reims, d'Amiens et

de Paris, ce portail est orné d'un très grand nombre de statues et de bas-reliefs. Comme eux, il est un grand livre ouvert aux yeux de tous, une encyclopédie populaire dans laquelle les artistes ont rappelé, avec plus ou moins de détails, les principales connaissances de leur temps. Cette encyclopédie, « ce miroir de l'univers », comme on disait au Moyen-âge, n'est pas, sans doute, aussi complet que celui de Chartres ; on y trouve cependant, en résumé, les quatre grandes divisions dont parle Didron (1), lorsqu'il dit que la façade de nos grandes cathédrales est « un poème entier où se réfléchit l'image de la nature, brute et organisée dans le premier chant ; celle de la science, dans le second ; de la morale, dans le troisième ; de l'homme, dans le quatrième, et dans le tout enfin, le monde entier. » (2)

Le *miroir naturel*, qui n'offre ici à nos regards que l'œuvre de la création, est sculpté dans les voussures de la grande baie qui surmonte le porche méridional. Le *miroir doctrinal*, qui comprend les sciences et les arts, occupe la fenêtre qui s'ouvre au-dessus du porche septentrional. Le *miroir moral*, les vertus et les vices, se trouve dans une voussure de ce même porche. Le *miroir historique*, qui a de beaucoup la plus large part, occupe les trois porches. C'est l'histoire du monde jusqu'à la consommation des siècles.

Nous étudierons ces diverses parties de la décora-

---

(1) Didron — Iconographie chrétienne. — Histoire de Dieu, pag. 17
(2) Cette division des connaissances humaines est la même que celle du « Speculum majus — Miroir général » de Vincent de Beauvais, célèbre dominicain du XIII° siècle.

tion du portail au fur et à mesure qu'elles se présenteront à nos regards.

I. — *Les Porches*.

Trois porches forment la zône inférieure du portail. Ils se composent de murs très saillants, sur lesquels s'appuient trois larges et profondes arcades ou voûtes de forme ogivale peu accentuée. Ces murs et ces arcades n'ont, à leur partie antérieure, d'autre ornement qu'une simple colonnette engagée dans chaque angle sortant et destinée à recevoir une archivolte étroite, mais ornée d'une guirlande très gracieuse et très soigneusement fouillée. Au-dessus des arcades s'élèvent des frontons triangulaires, accompagnés de quatre pinacles carrés de grandes proportions. Ces frontons sont ornés à leur sommet de sujets sculptés.

Au centre, c'est la *Très Sainte Vierge,* titulaire de l'église, représentée assise, tenant sur ses genoux l'Enfant Jésus et portant une fleur de la main droite. A ses côtés sont deux anges debout et, dans les angles, deux hommes assis et tenant des rouleaux ou volumens.

Dans le fronton de droite, du côté du Midi, *Saint Michel* est représenté debout, appuyé sur son bouclier et tenant sa lance enfoncée dans la gueule du dragon, qui s'agite à ses pieds. Il est accompagné de deux autres anges assis : celui de droite (*Saint Raphaël ?*), tient un sceptre et foule aux pieds un monstre, celui de gauche (*Saint Gabriel ?*) tient un rouleau déployé.

Dans le fronton de gauche, du côté du Nord, on

voit *Sainte Preuve,* vierge, martyrisée à Laon dans le val des Chenizelles, vers le IIIe siècle. Revêtue d'une robe serrée à la taille et d'un long manteau, elle est debout et tient d'une main la palme, symbole du martyre et de l'autre, un livre. Deux anges balançant des encensoirs, s'agenouillent devant elle.

Ces trois sujets détériorés par le temps, ainsi que les grandes statues brisées pendant la Révolution, et plusieurs parties des tympans et des voussures, mutilées à la même époque et dont nous parlerons bientôt, ont été très consciencieusement et très habilement refaits en entier ou restaurés par M. Geoffroy, qui, depuis 1853, dirige les travaux de sculpture de la cathédrale avec la compétence d'un Maître du grand style français du XIIIe siècle.

Les parties les plus intéressantes des porches sont, sans contredit, celles qui avoisinent les portes. Elles sont ornées de colonnettes droites ou torses, lisses ou cannelées, de statues, de dais, de voussures chargées de figurines et de tympans couverts de sculptures. On y voit de nombreuses scènes de l'Ancien Testament, les principales circonstances de la vie de Notre Seigneur et de la Très Sainte Vierge, le sujet si familier au Moyen-âge, le Jugement dernier; et tout cela traité avec une vérité d'expression et une variété étonnante. On ne peut se lasser d'admirer la finesse et la grâce du plus grand nombre de ces sculptures, le caractère de sérénité, de franchise, d'honnêteté des figures, la délicatesse des feuillages, des fleurs et des enroulements et surtout l'habileté avec laquelle l'artiste a su, dans des groupes de deux ou trois personnages, rappeler tout un fait de l'histoire, symboliser les habitudes bonnes ou mauvaises de l'humanité, et, en même temps qu'il réjouissait la vue, parler éloquemment à l'esprit et au cœur.

Voyons maintenant, en détail, la décoration de chaque porche et pour suivre, autant que possible, l'ordre logique et chronologique, commençons par celui qui est à la gauche du spectateur.

I. — Porche de gauche (Nord) (1).

Les principaux sujets qui y sont représentés, sont les premiers mystères de la *Vie de Notre Seigneur et de la Sainte Vierge, les vertus et les vices,* des *personnages et des scènes bibliques,* pour la plupart, figures de Notre Seigneur et de la Très Sainte Vierge.

I. La première scène, l'*Annonciation*, se trouve sur le linteau de la porte, dont elle n'occupe qu'une partie sur la gauche. L'Archange Gabriel debout, annonce à la Sainte Vierge qu'elle a été choisie pour être la Mère du Rédempteur. Celle-ci, également debout, fait un geste d'acquiescement et semble dire « *Fiat mihi secundum verbum tuum.* » (2)

II. La seconde scène, la *Visitation*, est formée par le groupe des trois statues qui garnissent à gauche l'ébrasement du portail.

Ces grandes statues, comme toutes celles dont

---

(1) Ce porche renferme le commencement du miroir historique et le miroir moral.

(2) Saint Luc. I. 38.

nous aurons à parler, sont modernes (1875-1885). Elles sont néanmoins d'un style parfaitement conforme à celui des bas-reliefs qu'elles accompagnent ; il y a, en effet, de la raideur dans la pose et les mouvements ; les draperies n'ont pas atteint toute la souplesse et l'aisance désirables ; mais il y a, signe caractéristique de l'époque, une grande expression de calme et de dignité dans le visage et l'attitude. On constate avec satisfaction que les règles de la statuaire du XIIIe siècle ont été religieusement observées. Ces statues reposent sur des socles historiés, qui se greffent sur le fût des colonnes auxquelles elles sont adossées. Des dais gracieux et variés les abritent.

La statue du milieu représente la Sainte Vierge. Elle s'avance, les mains étendues, vers sa cousine Élisabeth, dont l'attitude indique une respectueuse admiration. A gauche, Zacharie, époux de sainte Élisabeth, déploie le rouleau ou parchemin sur lequel, à la naissance de son fils, ne pouvant parler, il écrira le nom de Jean (1). Il détourne un peu la tête et a la bouche fermée, pour marquer qu'il ne peut prendre part à la conversation à cause de son mutisme. Sous les pieds de Zacharie on voit un dragon ; sous ceux de Marie, le buisson ardent, figure de la maternité virginale (2) ; sous ceux de sainte Élisabeth,

---

(1) « Scripsit dicens : Johannes est nomen ejus » (Saint Luc, I, 63).

(2) « Ignis in rubo est Deus in Beatâ Virgine conceptus et natus, illæsâ ejus virginitate » —Ità S. S. Patres— « Le feu dans le buisson, c'est Dieu incarné en Marie et naissant sans porter atteinte à sa virginité » (Corn à Lapide, tom. I, pag. 453).

un personnage versant de l'eau dans un grand vase, semble symboliser le précurseur saint Jean, qui bientôt baptisera dans les eaux du Jourdain (1).

III. La troisième scène est celle de la *Nativité de Notre Seigneur Jésus-Christ*. Elle occupe le milieu du linteau de la porte. L'étable est figurée par un édicule porté par deux petites colonnes. Au premier plan, la Sainte Vierge, étendue sur un lit, la tête relevée et appuyée sur le bras gauche, semble s'entretenir avec saint Joseph, que l'on voit assis à ses pieds et tenant encore le bâton dont il s'est aidé dans le voyage de Nazareth à Bethléem. Au deuxième plan, l'Enfant Jésus est étendu dans la crèche et l'on voit au-dessus de lui les têtes traditionnelles du bœuf et de l'âne. Une petite lampe, suspendue au haut de l'étable, rappelle que la Naissance du Sauveur eut lieu pendant la nuit. — Sur la droite du linteau, un ange dans les airs, tenant un rouleau (2) déployé, annonce à trois bergers entourés de leurs moutons, que le Messie vient de naître dans la ville de Bethléem.

IV. Au-dessus de ces scènes, le tympan tout entier est occupé par *l'adoration des Mages*.

Au centre, la Sainte Vierge assise sur un siège, placé sous un baldaquin que soutiennent deux colonnes, tient sur ses genoux l'Enfant Jésus et le présente aux trois Rois couronnés, qui se prosternent et

---

(1) « Baptizabantur ab eo in Jordane. » (Saint Mat., III, 6).

(2) Le rouleau ou volumen entre les mains d'un personnage indique que celui-ci a prononcé quelques paroles dans la scène représentée. Il sert aussi à désigner les prophètes.

lui offrent leurs présents. A droite du trône de la Sainte Vierge, un ange debout tient d'une main et indique de l'autre l'étoile qui dirigea les pieux étrangers dans leur voyage ; derrière lui, saint Joseph est assis un peu à l'écart ; les interprètes (1) de la Sainte Ecriture nous enseignent que ce saint patriarche ne parut pas en cette circonstance, afin de ne laisser dans l'esprit des Mages aucun doute sur la naissance miraculeuse du Sauveur.

Des anges, placés dans la première voussure, assistent à cette Epiphanie ou première manifestation du Fils de Dieu et lui offrent leurs hommages ; deux d'entre eux présentent l'encens et proclament ainsi sa divinité ; deux autres lui offrent la myrrhe, renfermée dans des vases en forme de calice, et rappellent par là son humanité ; deux autres encore tiennent des couronnes d'or, symbole de sa royauté ; deux anges, enfin, dont on n'aperçoit que le buste, au sommet de la voussure, soutiennent une colombe entourée d'une auréole sur laquelle se dessinent sept rayons (2) ; c'est le Saint-Esprit, par l'opération duquel s'est accompli tout ce grand mystère de l'Incarnation du Verbe et de son apparition sur la terre.

V. Les trois grandes statues, qui se trouvent à droite de la porte, figurent la *Présentation* de Notre Seigneur au Temple.

La Sainte Vierge est au milieu, portant l'Enfant

---

(1) Cornel. à Lap. tom. XV, pag. 80. — La Sainte Bible, Comm. de Ménochius. tom. VI, pag. 379.

(2) Symbole des sept dons du Saint-Esprit.

Jésus et le présentant au vieillard Siméon (2me statue), qui tend les bras pour le recevoir. Saint Joseph (3me statue) se tient derrière la Sainte Vierge sur la gauche, et porte dans une petite corbeille les deux colombes que l'on devait offrir en sacrifice dans cette circonstance. Des animaux symboliques ornent les socles sur lesquels s'appuient les statues de saint Joseph et de Siméon. Sous les pieds de Marie, un être fantastique, moitié femme et moitié serpent, se tenant dans les branches d'un arbre dont il cueille un fruit, rappelle la tentation et montre la différence des dons que firent aux hommes Ève et Marie : Ève, en offrant à Adam le fruit défendu, donna la mort au monde ; Marie, en présentant Jésus à l'humanité dans la personne de Siméon, lui donne la vie et le salut.

La deuxième voussure à partir du tympan, est occupée par les figures symboliques des *vertus et des vices ou défauts*. C'est le miroir moral — « *Speculum morale.* »

Les vertus sont représentées par des femmes debout et armées, les vices ou défauts par des hommes étendus à leurs pieds. Le plus souvent, des inscriptions contemporaines des sculptures, font connaître le sujet figuré.

Si nous commençons par la gauche, à la naissance de la voussure, nous rencontrons d'abord :

I. *La sobriété.* Une main sur la poitrine, cette vertu tient de l'autre une lance dont elle menace un homme trapu, à l'air hébété, renversé à ses pieds et figurant la *stupidité, l'abrutissement* produit par les excès de la table — *Hebetatio* — « *Ratio hebetatur ex immoderatione cibi et potûs.* » (1)

L'inscription très fruste ne contient que ces fragments .... AS (sobrietas) et HEBETA (hebetatio).

Quelques-uns pensent que la vertu représentée ici est la *sagesse* ; mais la place qu'elle occupe étant la dernière, ne paraît pas convenir à une vertu si sublime.

II. Au-dessus, c'est la *chasteté*. De la main gauche elle tient un livre, image de sa vie saintement occupée dans la méditation des vérités éternelles, et de la main droite elle brandit un faisceau de verges, dont elle va frapper la *luxure*, homme demi-nu, couché à ses pieds et qui cherche à l'atteindre avec sa torche enflammée. L'inscription, qui est complète, contient ces deux mots : LVXVRIA, CASTITAS.

III. La *patience*, qui vient en troisième lieu, semble du geste apaiser la *colère* sur laquelle elle appuie sa lance ; mais celle-ci menaçante la saisit par le vêtement et cherche à se redresser.

Inscription : PATIE. . IRA.

IV. La *charité* est représentée par une femme qui fait un geste de pitié et donne un vêtement à la *pauvreté*, figurée par un homme demi-nu accroupi à côté d'elle. — Inscription : CARITAS, PAVP.....

V. La *foi*, debout, tient une grande croix avec laquelle elle empêche de se relever l'*idolatrie* étendue à ses pieds. — Inscription : FIDES, IDOLATRIA.

(1) Saint Thomas d'Aquin.

VI. L'*humilité*, victorieuse de l'*orgueil*, qui la menace pourtant encore de sa lance, tient de la main gauche un bouclier abaissé et de la droite une lance, dont le fer est dirigé contre son ennemi. — Inscription : SVPERBIA.......

VII. La *douceur*. Elle tient aussi d'une main un bouclier ; de l'autre elle enfonce sa lance dans la tête d'un homme aux manières remuantes et provocatives, symbole de la *violence*. — Inscription : VIOLENTIA.

VIII. La *libéralité* enfin, montre à ses pieds et frappe à coups de lance l'*avarice*, qui cherche à retenir sa bourse et la presse contre son cœur. — Inscription : LARGITAS, AVARITIA.

Dans la troisième voussure, on voit à partir de la gauche :

I. Un personnage foulant aux pieds un monstre à tête humaine et à queue de dragon. Peut-être est-ce la chaste *Suzanne*, résistant aux honteuses propositions des deux vieillards, représentés par le monstre à buste humain et à queue de dragon, symbole de l'impudicité et de l'astuce (1) ? Peut-être aussi est-ce l'*une des Sybilles* que le moyen-âge a souvent représentées, parce qu'elles étaient censées avoir prédit la naissance, la vie et la mort de Jésus-Christ ? Ce serait, dans ce cas, la sybille de Perse, qui était ordinairement figurée avec un dragon sous les pieds.

II. Au-dessus, *Daniel*, dans la fosse aux lions, reçoit

(1) Daniel, chap. XIII.

la nourriture que lui présente le prophète Habacuc, miraculeusement transporté par un ange. Daniel, assis auprès de deux lions couchés, regarde en haut et lève la main pour prendre le panier que lui tend Habacuc, penché sur l'ouverture de la fosse (1). Ce groupe est accompagné de l'inscription suivante : ABACHVC : AFFERENS : ESC...

III. Plus haut on voit *Gédéon*. Debout et les mains jointes, il supplie le Seigneur, placé au sommet de la voussure, de lui faire connaître par un miracle si vraiment il est appelé à sauver le peuple d'Israël. Le Seigneur l'exauce et l'on voit, conformément à sa prière, la rosée du ciel descendant, sous forme de pluie, sur la toison étendue à ses pieds (2).

Inscription : ......VELLVS. (Toison).

La toison de Gédéon a toujours été regardée par les Saints Pères et les interprètes de l'Ecriture comme une image symbolique de la Sainte Vierge :

« *Allegoricè, ros in vellere est Christus in Virgine.* » (3)

IV. Au sommet de la voussure, ainsi qu'on vient de le voir, le *Seigneur*, au milieu des nues, tient deux rouleaux déployés pour indiquer qu'il répond à la prière de Gédéon et qu'il s'entretient avec Moïse, que nous allons rencontrer, en descendant sur la droite, dans la scène du buisson ardent.

V. Le *Buisson ardent*. Moïse, la houlette à la main, gravit la montagne d'Horeb et s'avance pour voir le

---

(1) Daniel, chap. XIV.
(2) Juges. Chap. VI, verset 37.
(3) Cornel. à Lapid. tom. III, pag. 154.

buisson miraculeux, figuré par un arbre couvert de feuilles et de flammes ; un mouton rappelle le troupeau dont il avait la garde (1). Le buisson ardent est, lui aussi, une figure de la Sainte Vierge : « *Ut frutex* « *incendit ignem et non crematur, itidem etiàm Virgo et* « *lumen parit et non corrumpitur.* » (Saint Grégoire de Nysse). (2)

VI. Sous le buisson ardent se trouve *l'Arche d'alliance*. Placée sur une table, elle a la forme d'un coffre dont le couvercle, soulevé par deux chérubins, laisse voir à l'intérieur le chandelier à sept branches et les pains de proposition. Les deux chérubins sont debout ; deux de leurs ailes sont déployées et deux leur couvrent le corps. Sur l'arche même on lit cette inscription : ARCHA DEI.

Comme la toison de Gédéon et le buisson ardent, l'Arche d'alliance — *arca Dei* — est une figure de la Mère de Dieu : « *Arca intrinsecùs portabat testamenti* « *tabulas, Maria autem ipsius testamenti gestabat Hære-* « *dem....* » (Saint Ambroise) (3).

VII. Sous l'Arche d'alliance s'élève un édicule dont la partie inférieure est composée d'un mur et d'une porte fermée, placée entre deux tours ; la partie supérieure ouverte laisse voir, à l'intérieur, Dieu lui-même tenant un livre de la main gauche et bénissant de la droite. C'est probablement le *temple de Jérusalem*, dans lequel résidait la majesté infinie du Très-Haut, et la

---

(1) Exode, chap. III, 1, 2, 3.
(2) Cornel. à Lapid , tom. I, pag. 453.
(3)   Id.   tom. XXI, pag. 233. Tom. I, pag. 638.

Porte close, dont il est question au 44ᵐᵉ chapitre d'Ézéchiel et que tous les interprètes ont considéré comme une figure symbolique de la Sainte Vierge :

« Cette porte demeurera fermée; elle ne sera pas
« ouverte et nul homme n'y passera, parce que le
» Seigneur Dieu d'Israël est entré par cette porte » (1).

« Cette porte close, c'est la virginité, dit saint
« Ambroise — *Porta clausa virginitas est.* » —
« C'est, ajoute Corneille de la Pierre, la Bienheureuse
« Vierge Marie, en qui habita le Prince, c'est-à-dire le
« Christ, lorsqu'il demeura dans son sein comme en
» sa résidence et dans son temple, etc.... » (2).

Un peu au-dessus de l'édicule on lit ce fragment d'inscription : .....AGONIV?

VIII. Le dernier personnage de cette voussure tient de la main droite un volumen ou rouleau déployé, qu'il indique de la main gauche. Est-ce *Ézéchiel* racontant la vision de la porte close? il est difficile de le déterminer.

En parcourant la quatrième et dernière voussure de gauche à droite, on rencontre d'abord :

I. Une femme assise et tenant appuyé sur ses

---

(1) Ézéchiel, chap XLIV, vers. 2.

(2) « Porta hæc clausa est Beata Virgo Maria in quâ sedit princeps, id
« est Christus Dominus, cùm in sacro ejus utero quasi thalamo et templo
» habitavit. » (Cornel. à Lapid., tom XII, pag. 830 et suiv.)

« Porta clausa est signaculum pudoris, immaculatæ carnis integritas. »
(Saint Aug Serm. 2 de Nativ). — Quid est porta in domo Domini clausa nisi quod Maria semper erit intacta? Et quid est «homo non transit per eam » nisi quia Joseph non cognovit eam?... Et quid est quod « clausa erit in æternum » nisi quia Maria virgo antè partum, virgo in partu, virgo post partum ? (Saint Aug.) (Cornel. à Lapid., tom. XII, pag. 850 et suiv.)

genoux un animal assez semblable au chevreau. Le seul mot qui reste de l'inscription : CAPITVR, est insuffisant pour indiquer au juste si c'est *Rébecca* se disposant à immoler un chevreau, pour préparer le repas que demande Isaac, et attirer sur son fils Jacob la bénédiction paternelle. (1)

Je serais porté à croire que, primitivement, ce groupe dût représenter la *Licorne* se réfugiant dans le sein d'une vierge.

Les auteurs anciens (2), les Bestiaires du Moyen-Age, nous apprennent que la Licorne ou Monocéros était un animal fabuleux, à corps de cheval, à pieds d'éléphant, à tête de cerf et armé sur le front d'une corne unique. Douée d'une force étonnante, elle ne se laissait prendre vivante que par une vierge, qui seule avait le pouvoir de la charmer et de l'enchaîner. De tout temps, la Licorne fut regardée, à cause de sa prodigieuse vigueur, comme le symbole de Jésus-Christ, qui est tout-puissant, et la vierge qui l'attire et s'empare d'elle, comme la figure de la Bienheureuse Vierge Marie qui, par son incomparable pureté, attira le Fils de Dieu en ce monde et eut l'insigne honneur de devenir sa Mère (3). Le mot — *capitur*

---

(1) Genèse, chap XXVII.

(2) Pline, lib. VIII, cap. XXI. — Elien, lib. XVI, de Animal. cap. XX et lib. XVII. cap. XLIV — Albert le Grand, lib. XXII, de Animal. — Saint Grégoire, XXXI, Moral. XIII — S. Isidore, XII. Etymol. II. — Bède in XXXIX Job. — Voir Cornel. à Lapid., tom. II, pag. 325.

(3) Une gravure du Moyen-Age, reproduite dans le missel romain (édition de Ratisbonne, in-folio, fête de la Circoncision) représente la Licorne ou Monocéros prise par une vierge et indique dans une inscription le symbo-

— de l'inscription semble confirmer cette interprétation : *Monocéros à Virgine* CAPITVR.

II. Le deuxième personnage est également inconnu. Il est debout, revêtu d'un manteau et porte à la main un volumen déroulé. Sur le côté de cette statuette, on lit ces mots incomplets : PLEXV : IANO... MITT.

III. Le troisième sujet est un épisode de la vie de *Tobie*. C'est le moment où ce pieux vieillard devenu aveugle, comme l'indiquent ses yeux fermés, envoie son fils à Ragès chez Gabélus, pour réclamer à ce dernier une importante somme d'argent. Le jeune Tobie, un bâton à la main pour marquer qu'il va se mettre en route, reçoit debout la bénédiction de son père (1).

IV. La quatrième statuette représente *Balaam*. Un long bâton et un rouleau déployé à la main, il gravit la montagne de Phogor, du haut de laquelle il va prophétiser et bénir les Israélites (2). Auprès de lui, l'inscription contient le commencement de sa prophétie relative au Messie (3) : B....M : ORIE, le reste du mot : TVR, (*orietur*) et le reste de la phrase : STELLA EX JACOB, se trouvent en regard de la figure suivante.

V. Au-dessus de Balaam, un personnage debout semble marcher, en étendant les bras en avant, vers le

---

lisme dont nous venons de parler. — Voir De Caumont, Abécédaire d'Arché. Archit. relig. page 274. — Licorne.

(1) Tobie V.

(2) Nombres XXIII, 28.

(3) « Orietur stella ex Jacob — Une étoile sortira de Jacob. » — (Nombres XXIV, 17).

Seigneur, placé au sommet de la troisième voussure. Est-ce *Balaam* arrivé au haut de la montagne et prophétisant ? Est-ce *Jacob* appelant de ses vœux la venue du Messie, ou quelque *autre Juste* de l'ancienne loi, il est difficile de le préciser.

VI. En descendant du côté droit de la voussure, on rencontre d'abord une statue nue, couronnée et reposant sur un piédestal de petite dimension. C'est la *statue d'or, d'argent, d'airain, de fer et d'argile que vit en songe le roi Nabuchodonosor.*

Elle est environnée de nuages pour rappeler qu'elle était très haute et se perdait, pour ainsi dire, dans les nues (1), et aussi pour faire souvenir que la vision eut lieu pendant le sommeil dans les ombres de la nuit.

L'inscription n'a conservé qu'un seul mot : STATVA.

VII. Sous cette statue, *Nabuchodonosor*, étendu sur son lit, dort profondément ; il porte sur la tête la couronne royale.

VIII. Le sujet suivant est le *sacre de David*. Samuël debout verse l'huile sur la tête de David (2). Celui-ci est de taille plus petite que Samuël, pour marquer que c'est encore un jeune homme et il porte un rouleau pour rappeler les paroles prophétiques qui sortiront, un jour, de sa bouche et les psaumes qu'il composera.

IX. Sous le groupe précédent, on voit la *Loi divine* représentée par une femme qui d'une main tient les

---

(1) « Statua illa magna et staturâ sublimis » (Daniel II, 31).
(2) I Rois XVI, 13.

tables de la Loi et de l'autre relève son vêtement pour marcher avec plus de facilité. Sur le côté on lit ces mots : ET : P : SECLA : FVTVR..+ — « *Æterna per sæcula futura* » *futura* plutôt que *futurus* ainsi que le porte le texte reconstitué. — Elle (la Loi divine), demeurera pendant les siècles éternels.

X. Au bas de la voussure, enfin, on voit *dans la fournaise* les *trois jeunes Hébreux* Ananias, Misaël, et Azarias (Sidrach, Misach et Abdénago). Les flammes sortent de la fournaise par de petits trous ronds ; une ouverture plus grande, de forme semi-elliptique, permet de voir, à l'intérieur, les trois jeunes hommes et l'ange envoyé par Dieu pour les préserver des atteintes du feu (1).

L'inscription nous est parvenue sans altération ; elle contient ces mots : « + TRES : PVERI : IN : FORNACE. — *Tres pueri in fornace* — Les trois enfants dans la fournaise. »

II. Porche central. (2)

Le porche central est plus spécialement consacré à la Sainte Vierge, comme l'indiquent et le sujet du fronton, dont il a été parlé plus haut, et la statue qui orne le trumeau de la porte.

Cette grande et belle statue représente Notre-Dame couronnée, portant sur ses bras l'Enfant Jésus et foulant aux pieds le dragon infernal. L'Enfant Jésus

---

(1) Daniel Chap. III.
(2) Suite du miroir historique.

tient entre les mains le livre des Saints Évangiles. Cette Vierge repose sur un piédestal orné de deux colonnes, et elle est abritée par un dais, sur les côtés duquel deux petits anges agitent des encensoirs.

Il est regrettable, pour l'effet d'ensemble, que cette statue ne soit pas à la même hauteur que celles qui accompagnent la porte de chaque côté; elle paraît un peu écrasée; mais il était difficile, sinon impossible, de faire autrement.

Au-dessus et sur les côtés de cette statue se développe le thème général du porche, *le triomphe, la glorification de la Très Sainte Vierge.*

Rien de plus grandiose et de plus imposant que cette scène à laquelle l'artiste a convié les anges, les rois, les patriarches, les prophètes, ce que la cour céleste et le peuple de Dieu ont de plus saint et de plus remarquable. Conformément à la tradition, ce majestueux spectacle est divisé en trois parties : La mort précieuse de Marie, son Assomption et son Couronnement.

I. La première partie, *la Mort de Notre-Dame*, occupe le milieu et le côté gauche du linteau.

La Sainte Vierge est étendue sur un lit, les yeux fermés et les bras croisés sur la poitrine. Son visage respire le calme, la tranquillité, une sainte joie; les affres de la mort n'ont point altéré ses traits, car pour la Mère du Sauveur le trépas n'a rien de pénible, c'est l'heureux moment où elle se trouve réunie pour jamais à son Divin Fils et où, de la terre d'exil, elle passe au glorieux séjour du Ciel.

Autour d'Elle se tiennent les douze apôtres alors providentiellement réunis à Jérusalem. Leurs traits dénotent l'étonnement et la tristesse ; l'étonnement d'une mort si calme et si douce, la tristesse de voir disparaître la Mère de leur divin Maître, la Conseillère et la Protectrice de l'Église naissante. Deux d'entre eux sont inclinés et se disposent à étendre un linceul sur l'auguste Vierge, d'autres portent des livres ; plusieurs semblent se communiquer les sentiments de douleur qui les animent ; l'un est imberbe et porte une palme, c'est saint Jean, le plus jeune.

Trois anges, dans les airs, balancent des encensoirs en signe de respect et de profonde vénération ; un quatrième, descendu à terre et placé sur la gauche, tient également un encensoir et une navette et semble s'entretenir avec l'un des apôtres.

A la tête du lit, Notre Seigneur debout, reçoit d'un ange, qui la lui présente sous la forme d'un petit corps, l'âme de la Très Sainte Vierge.

II. L'*Assomption de Notre-Dame* n'occupe, sur la droite du linteau, qu'un espace très restreint.

L'artiste a voulu rappeler par là, sans doute, que ce mystère s'était accompli en secret et que les hommes n'en avaient pas été témoins.

Deux anges descendus du ciel, prennent le corps de la Sainte Vierge et le sortent du tombeau ; deux autres dont l'un est à terre et l'autre dans les nues au-dessus du groupe, agitent des encensoirs.

III. Le *Couronnement de Marie*, troisième et principale partie de son triomphe, se dessine en grand sur le tympan tout entier.

La Sainte Vierge couronnée et portant un sceptre, est assise à la droite de son divin Fils conformément à ces paroles de la Sainte Écriture : « *Astitit Regina à* » *dextris tuis in vestitu deaurato* — La Reine en vête- » ments couverts d'or, s'est tenue à votre droite » (1).

Notre Seigneur, également assis, tient de la main gauche l'Evangile appuyé sur ses genoux, de la droite il bénit sa Très Sainte Mère et la confirme par là dans tous ses droits, privilèges et honneurs de Reine du Ciel et de la terre.

De chaque côté, un ange debout présente l'encensoir et la navette ; un autre, le genou en terre, porte un chandelier, et tout autour, dans la première voussure, environnée de nuages, pour bien marquer que la scène se passe dans les cieux, d'autres anges proclament les gloires de Marie en présentant divers objets symboliques. Le premier, au sommet et au milieu, déploie un volumen ou rouleau pour rappeler les chants d'allégresse, les cris de triomphe dont retentit la cour céleste. Au-dessous de lui, à sa droite, l'un présente le soleil et semble chanter cette parole du livre des Cantiques : « Vous êtes, ô Marie, brillante « comme le soleil. — *Electa ut sol* » (2). Un autre porte une couronne et répète cette parole du même livre : « Venez, et vous serez couronnée.— *Veni, corona-* « *beris* » (3). Un troisième présente une palme : « Vous vous êtes élevée, ô Marie, comme les palmiers

---

(1) Psaume XLIV.
(2) Cant. des Cant., VI, 9,
(3)   Id.   IV. 8.

« de Cadès. — *Quasi palma exaltata sum in Cades* » (1). Deux autres enfin, offrent des parfums dans leurs encensoirs : « *Sicut cinnamomum et balsamum aroma-« tizans odorem dedi, quasi myrrha electa dedi suavitatem « odoris.* — J'ai répandu une senteur de parfum « comme la cannelle et le baume le plus précieux « et une odeur comme celle de la myrrhe la plus « excellente » (2).

A la gauche de l'ange du milieu, un autre, le premier en descendant, tient le croissant de la lune et semble s'écrier : « Vous êtes belle, ô Marie, comme « l'astre des nuits. — *Pulchra ut luna* » (3). Le deuxième porte entre ses mains une couronne, le troisième le livre à sept sceaux (4), et les deux derniers « des encensoirs : « J'ai parfumé ma demeure comme « le storax, le galbanum, l'onyx, la myrrhe, comme « la goutte d'encens tombée d'elle-même. — *Quasi « storax, et galbanus, et ungula, et gutta et quasi libanus « non incisus vaporavi habitationem meam* » (5).

Ces bas-reliefs du tympan et du linteau, dont nous venons de parler, ont été refaits depuis le commencement de la restauration de la cathédrale. Quelques

---

(1) Ecclésiastique, XXIV. 18.
(2) Id. XXIV, 20.
(3) Cant. des Cant. VI, 9.
(4) Apocalypse, V, 1 — Le livre à sept sceaux symbolise les sept principaux mystères de la vie de Jésus-Christ dont les deux premiers, l'Incarnation et la Nativité, sont particulièrement glorieux pour la Sainte Vierge (Saint Hilaire, saint Pierre Damien et autres — Cornel. à Lapid., tom. XXI, pag. 118).
(5) Ecclésiastique, XXIV, 21.

restes des anciennes sculptures et les anges de la première voussure, demeurés à peu près intacts, ont permis de reconnaître et de reconstituer le sujet primitif.

Les grandes statues, qui s'élèvent d'un côté et de l'autre de la porte, représentent les hommes les plus remarquables du peuple de Dieu. Elles sont supportées par des socles historiés et des colonnettes au fut orné de moulures, de feuilles et de fleurs ; entre chacune d'elles et un peu en arrière, on remarque d'autres colonnettes plus élancées. Toutes sont couronnées de chapiteaux très gracieux et soutiennent les dais qui abritent les statues.

Pour suivre l'ordre chronologique dans l'examen de ces statues, le spectateur commencera par la plus éloignée de la porte sur sa gauche.

I. Elle représente *Abraham*. Le patriarche tient d'une main un couteau, de l'autre il saisit par les cheveux son fils Isaac, debout devant lui, pieds et mains liés. Il va l'immoler ; mais un ange, placé au-dessus de lui sous la voûte du dais, lui crie de ne point frapper son fils. Abraham détourne la tête et obéit à l'envoyé céleste. Sur le socle historié on voit, embarrassé dans les branches d'un buisson, le bélier qu'Abraham offre en sacrifice à la place d'Isaac. (1)

II. La deuxième statue est celle de *Moïse*. Le législateur du peuple de Dieu indique de la main droite une colonne carrée, appuyée sur son bras gauche et au som-

(1) Genèse, XXII.

met de laquelle est enroulé une espèce de dragon figurant le serpent d'airain (1). Sous les pieds de Moïse se trouve le veau d'or, qu'il réduisit en poussière, lorsqu'il descendit de la montagne, sur laquelle Dieu lui avait donné sa loi (2).

III. Troisième statue : *Samuël*. Le prophète est représenté offrant en sacrifice un animal étendu sur un petit autel. Au pied de cet autel un enfant reçoit dans une coupe le sang de la victime. Cet enfant figure probablement Samuël lui-même servant dans le Temple du Seigneur dès ses plus tendres années (3).

IV. La quatrième statue est celle de *David*. Le Roi-prophète est couronné. Il tient d'une main une lance, de l'autre il présente une couronne d'épines et trois clous. Ces divers attributs rappellent les paroles prophétiques de David touchant la Passion de Notre Seigneur Jésus-Christ : « Ils ont percé mes mains et « mes pieds. — *Foderunt manus meas et pedes meos.* — « Délivrez mon âme, ô mon Dieu, de la framée (4) « — *Erue à frameâ, Deus, animam meam* » (5).

---

(1) Nombres XXI, 8, etc.
(2) Exode XXXII.
(3) I Rois II, 18 et suiv.
(4) La framée est figurée ici par une lance. La Framée — framea — était une « arme des anciens Francs et des Germains. On est incertain sur la forme de cette arme. Des auteurs en font une épée à deux tranchants; la plupart, avec plus de probabilité, un long javelot ou une espèce de hallebarde. » (Dict. des sciences, lettres et arts, par Bouillet). « La Framée était une espèce de lance » (Grand Dict. illustré par Chevreuil.) — « Framée, lance des anciens Francs. — (Gazier, Dict. classique), etc.
(5) Psaume XXI.

Les jambes de David sont croisées comme celles d'un homme qui danse, pour rappeler que, dans son allégresse, ce saint roi dansa devant l'arche du Seigneur, lorsque celle-ci fut ramenée à Jérusalem(1). Enfin, sous les pieds de David, on voit un lion. C'est le lion de Juda, symbole, figure du Christ et, autrefois, insigne de la tribu de Juda, de David et de Salomon (2). Ce lion rappele aussi ces paroles du psaume XXI : « Sauvez-moi, Seigneur, de la gueule « du lion et des cornes des licornes. — *Salva me ex* « *ore leonis et à cornibus unicornium humilitatem meam.* »

V. De l'autre côté de la porte, la première statue est celle d'*Isaïe*. Le prophète a l'air souriant. Ce qu'il annonce par les divers objets représentés autour de lui, n'est-il pas, en effet, bien propre à causer de la joie ? N'est-ce pas la naissance de Celui qu'Israël attend depuis de longs siècles, le Messie ? De la poitrine de Jessé, couché et endormi sous les pieds du prophète, on voit monter une longue tige, au sommet de laquelle s'épanouit une fleur et au milieu de cette fleur apparait le buste de Jésus-Christ. D'une main Isaïe tient cette tige et un volumen, de l'autre il

---

(1) II Rois VI, 14 et suiv.

(2) « Ecce vicit leo de tribu Juda, radix David, aperire librum.... — Voici que le lion de la tribu de Juda, le rejeton de David (Jésus-Christ) a obtenu par sa victoire le pouvoir d'ouvrir le livre. » (Apocal. V, 5.)

« Leo erat insigne tribus Juda, Davidis et Salomonis ob robur et regnum. » (Cornel. a Lapide, tom. III, pag. 608) — « Porro Christus vocatur leo, primo quia ortus est ex tribu Juda, cujus insigne fuit leo. Illi enim benedicens Jacob patriarcha ait : (Genèse, XLIX, 9,) : « Catulus leonis Juda, accubuisti ut leo,.... » (Cornel. a Lapide, tom. XXI, pag. 122).

montre la fleur et semble dire encore : « Il sortira un
« rejeton de la tige de Jessé et une fleur naîtra de sa
« racine et l'esprit du Seigneur reposera sur lui. —
« *Egredietur virga de radice Jesse et flos de radice ejus*
« *ascendet; et requiescet super eum spiritus Domini.* » (1)

VI. Auprès d'Isaïe se trouve un autre prophète. Son attitude, ses traits empreints de tristesse et de douleur, le font vite reconnaître pour l'auteur inspiré des Lamentations, *Jérémie*. Figure des plus éclatantes du Messie persécuté, il présente un disque crucifère, symbole de la souffrance et des malheurs qu'il annonce et dont il sera lui-même la victime. L'homme courbé qui, d'une main, lui saisit le pied et de l'autre, ramasse une pierre, rappelle le genre de mort qui fut, d'après la tradition (2), infligé à cet homme de Dieu. Ses compatriotes, les Juifs, dont il reprenait les désordres, le lapidèrent.

VII. La troisième statue est celle du vieillard *Siméon*. Il tient entre ses bras l'Enfant Jésus et semble regarder d'un air soucieux dans le lointain de l'avenir et adresser à Marie ces paroles, que nous lisons au deuxième chapitre de saint Luc : « Cet enfant est
« venu au monde pour la ruine et pour la résurrec-
« tion de plusieurs en Israël. Il sera en butte à la
« contradiction, et votre âme sera percée d'un glaive
« de douleur. » (Chap. II, v. 34 et 35).

L'Enfant Jésus porte le globe terrestre entre les

---

(1) Isaïe, XI, 1 et 2.
(2) Hist. de l'Eglise, par Darras, tom. III, pag. 316. Tertulien, saint Jérôme, saint Isidore de Séville, etc...

mains. Sous les pieds de Siméon, une femme accroupie regarde le Sauveur. Peut-être est-ce la prophétesse Anne qui, au moment de la Présentation, louait le divin Enfant qu'elle reconnaissait pour le Messie promis au monde, et parlait de lui à tous ceux qui attendaient la Rédemption d'Israël. (1)

VIII. La quatrième et dernière statue est celle de *saint Jean-Baptiste*, précurseur du Messie. Sous le manteau jeté sur ses épaules, il porte une tunique de poils de chameau, retenue par une ceinture. « *Erat Joannes vestitus pilis cameli et zonâ pelliceâ circà lumbos ejus.* » (2)

Il tient d'une main et indique de l'autre l'Agneau de Dieu, entouré d'une auréole, et semble répéter la parole par laquelle il annonçait l'apparition du Messie: « Voici l'Agneau de Dieu — *Ecce agnus Dei.* » (3) Sur le socle s'enroule un monstre que Jean-Baptiste foule aux pieds. C'est l'image du démon terrassé par la parole énergique du précurseur.

IX. Tous les autres personnages, qui assistent au triomphe de la Sainte Vierge, sont dans les voussures.

Les anges occupent la première, comme nous l'avons vu plus haut. Sur la deuxième, la troisième et la quatrième s'étendent les branches de l'*Arbre de Jessé*, au milieu desquelles apparaissent les divers personnages composant la généalogie de Jésus et de Marie, telle qu'elle est rapportée en saint Mathieu.

---

(1) Saint Luc, chap. II, 36-38.
(2) Saint Marc, chap. I, 6.
(3) Saint Jean, chap. I, 29.

Jessé est assis au bas de la quatrième voussure à gauche. Un arbre prend naissance à ses pieds, s'élève devant lui et se divise en deux branches, qu'il tient des deux mains ; au-dessus de sa tête, les branches se réunissent et leurs feuilles forment un bouquet, du milieu duquel semble sortir David, bien reconnaissable à la couronne, qui orne son front, et à la harpe, qu'il tient à la main. Les deux branches réunies s'écartent de nouveau sur les côtés de David, et vont se rejoindre au-dessus de lui, pour former un second bouquet qui porte le personnage suivant.

Rien de plus ingénieux que cette disposition répétée à chaque statuette ; rien de plus délicat et de plus gracieux que ces branches ornées de feuilles, de fleurs et de fruits ; rien de plus naturel et de plus varié en même temps que la pose des personnages et la disposition des draperies ; rien de plus imposant enfin que l'attitude de ces rois, de tous ces nobles rejetons de la famille de David.

Tous sont assis et portent des couronnes. Au-dessus de Jessé et de David, c'est Bethsabée, mère de Salomon, puis Salomon lui-même (1) portant entre ses mains le temple de Jérusalem, figuré par une petite église, Roboam et les rois de Juda avec leurs sceptres, les autres membres de la descendance royale, tenant des volumens roulés ou déployés en sens divers. Tous regardent avec un bonheur mêlé d'étonnement Marie et son divin Fils

(1) Et non le fondateur de la cathédrale, comme l'affirme Fleury (Antiq. et Monum., tom. III, pag. 209).

Jésus, l'admirable fleur, le fruit merveilleux sortis de la tige de Jessé ; tous contemplent avec ravissement l'ineffable glorification de leur race.

X. La cinquième voussure contient quatorze personnages assis sur des chaises ou sièges à dossier. Aux rouleaux ou volumens qu'ils tiennent à la main, on reconnait les *Prophètes*. Eux aussi, après avoir annoncé au monde les gloires et les bienfaits de l'Incarnation, assistent, et c'est justice, au triomphe de Marie, en qui s'est accompli ce grand Mystère. Aucune des statuettes n'a la même pose et aucun des dossiers de leurs sièges ne ressemble à ses voisins. En ajoutant à ces quatorze figurines Isaïe et Jérémie, dont les deux grandes statues ornent le côté droit de la porte, on obtient le nombre seize, qui est celui des prophètes, dont les écrits sont conservés dans l'Ancien Testament.

« *L'os qui pend.* »

On voyait jadis, et même encore pendant la première moitié de ce siècle, suspendu à la voûte du porche central, un os énorme provenant de quelque cétacé. Il était vulgairement appelé « *l'os qui pend* », et classé parmi les sept merveilles de la ville (1). Aucune tradition ne nous a appris le motif qui lui fit donner cette place d'honneur au portail de la cathédrale. On pense généralement qu'il n'y était qu'à titre de curiosité. Un fragment de cet os est conservé à la

---

(1) Les sept merveilles de la ville étaient : La Cathédrale, les églises de Saint-Martin et de Saint-Vincent, la pierre à clous, l'os qui pend, la Tour penchée et l'étang de Saint-Vincent.

sacristie de la cathédrale; le reste est au musée de Soissons.

Entrée solennelle de l'Évêque.

C'était sous ce même porche que, au jour de son *entrée solennelle* dans sa ville épiscopale, l'Evêque de Laon, venu de l'abbaye Saint-Vincent, nu-pieds et accompagné par les religieux de ce monastère et ceux de Saint-Jean (1), présentait ses bulles au puissant Chapitre de la cathédrale et était reçu par lui. Le doyen lui faisait baiser la Croix et lui présentait le goupillon. Lorsque l'évêque s'était aspergé lui-même et avait aspergé ceux qui l'entouraient, il était introduit dans l'église et allait se prosterner, quelques instants, devant l'image de la Vierge Mère de Dieu, titulaire de l'incomparable basilique (2); pendant ce temps les grandes orgues saluaient son entrée de leurs strophes triomphales et, dans leurs régions aériennes, les belles cloches de Notre-Dame chantaient l'envoyé du Seigneur et annonçaient partout la joie du peuple chrétien (3).

(1) La préfecture actuelle.
(2) ..... « Deducitur novus Antistes nudis pedibus ad valvas Cathedralis Ecclesiæ, ubi, exhibitis Decano et Capitulo litteris Apostolicis Ecclesiæ sibi commissæ, statim ab iisdem dignè excipitur per osculum crucis et porrectionem aspersorii quod ab ejusdem decani manibus accipit, seipsum et alios subindè aspergens aquâ benedictâ incipiendo ab eodem decano qui aspersorium obtulit Quibus peractis, in domum Sponsæ processionaliter introductus, procumbit antè Deiparæ Virginis imaginem sub cujus nomine dedicata est Ecclesia.... » (Bellotte — Observationes ad ritus..... pag. 90)
(3) Ce porche, fermé depuis le commencement de la restauration du

III. — Porche méridional. (1)

Le sujet de ce porche est le *Jugement dernier*.

L'image de saint Michel, protecteur des âmes au moment de la mort et leur introducteur dans le Paradis, est sculptée sur le fronton. (2)

Les grandes statues qui garnissent les côtés de la porte et représentent plusieurs martyrs des premiers siècles, rentrent, nous le verrons un peu plus loin, dans l'idée générale qui a présidé à la décoration de ce porche. Comme toutes celles dont nous avons parlé jusqu'ici, elles sont modernes, mais l'emportent sur les autres par plus d'aisance dans l'attitude et moins de raideur dans les draperies.

La grande scène du dernier jour du monde, telle qu'elle s'offre ici à nos regards, est la traduction des vingt-quatrième et vingt-cinquième chapitres de saint Mathieu. Elle se divise en plusieurs parties :

1º Le tribunal du Souverain Juge.

2º La Résurrection des Morts.

3º La séparation des Justes et des Pécheurs.

4º L'entrée des Justes au Ciel.

5º La distribution des récompenses.

---

portail, a été rouvert le 29 juin de cette année 1890, pour l'entrée solennelle de Sa Grandeur Monseigneur Jean-Baptiste Duval, évêque de Soissons et quatre-vingt-seizième évêque de Laon.

(1) Fin du miroir historique.

(2) « Venit Michael archangelus cum multitudine angelorum, cui tradidit Deus animas sanctorum ut perducat eas in paradisum exultationis. » (Office de saint Michel, 29 septembre, deuxième Nocturne, deuxième répons.)

6° L'état de bonheur et de gloire des élus.

7° Enfin la conclusion pratique que les vivants doivent tirer de ce saisissant spectacle.

1° *Le tribunal du Souverain Juge.*

Il occupe la plus grande partie du tympan et déborde même de chaque côté sur les deux premières voussures.

Jésus-Christ, assis sur un trône (1), les mains étendues comme pour bénir et les pieds appuyés sur un escabeau, préside l'imposante scène de la consommation des siècles. Il est d'une taille beaucoup plus grande que celle des autres personnages qui l'environnent, pour marquer, selon la coutume du Moyen-âge, son excellence et la supériorité de son pouvoir. Sa tête est entourée du nimbe crucifère ; ses mains et ses pieds portent la cicatrice des plaies ; il est vêtu d'un manteau ou *pallium* jeté sur une épaule et d'une robe plissée à très petits plis. L'absence de proportions dans les diverses parties du corps, la raideur de la pose, les vêtements étroits, à plis nombreux et serrés, que l'on remarque dans cette figure du Christ et dans la plupart des statuettes, qui couvrent le tympan et les voussures, témoignent qu'elles sont plus anciennes que celles des autres porches et probablement contemporaines de la construction des parties inférieures du portail.

A la droite du Souverain Juge, la Sainte Vierge est

(1) « Tunc sedebit super sedem majestatis suæ » (S. Mat, XXV, 31).

assise, les yeux dirigés vers son divin Fils et les mains jointes et élevées dans l'attitude de la supplication. Auprès d'elle se trouve saint Pierre, reconnaissable aux clefs qu'il porte, puis quatre autres apôtres dont deux sont placés dans les voussures.

A la gauche de Jésus-Christ on voit d'abord saint Jean, que le Moyen-âge a constamment représenté sans barbe, pour rappeler qu'il était le plus jeune de ceux qu'avait choisis le Sauveur pour évangéliser le monde ; puis cinq autres apôtres dont les deux derniers se trouvent dans les voussures. Tous tiennent entre les mains des livres, symboles de la vraie doctrine qu'ils ont mission d'enseigner ; tous également ont les yeux fixés sur le Sauveur et sont assis conformément à cette parole de l'Evangile : « Lorsque le Fils de l'Homme sera sur le trône de « sa gloire pour juger le monde, vous serez aussi assis « sur douze trônes et vous jugerez avec Lui les douze « tribus d'Israël » (1).

Au-dessus des apôtres, de chaque côté de Jésus-Christ, quatre anges portent les instruments de la Passion. Ceux de gauche tiennent, l'un la couronne d'épines, l'autre les trois clous ; ceux de droite portent la Croix : « Alors, lisons-nous en St-Mathieu, paraîtra « dans les cieux le signe du Fils de l'Homme » (2).

---

(1) Cum sederit Filius Hominis in sede majestatis suæ, sedebitis et vos super sedes duodecim judicantes duodecim tribus Israël. (S.-Mat. XIX, 28.)

(2) « Tunc parebit signum Filii Hominis in cœlo. » (S.-Mat. XXIV, 30).

Et pour rappeler enfin cette circonstance que le Souverain Juge « viendra sur les nuées du Ciel » (1), le tympan est entouré, sauf à sa partie inférieure, d'ondulations figurant des nuages.

2° *La Résurrection.*

Au-dessus des apôtres, placés dans les archivoltes, quatre anges, deux de chaque côté, sonnent de la trompette et rassemblent tous les hommes : « Le « Seigneur, est-il écrit, enverra ses anges qui feront « entendre la voix éclatante de leurs trompettes.... et « toutes les nations seront rassemblées devant Lui »(2). A ce signal, tous les morts, que l'on voit aux pieds du Sauveur et des apôtres, à la zône inférieure du tympan, soulèvent la pierre de leurs tombeaux et en sortent pleins de vie (3). Leur attitude dénote l'empressement, l'inquiétude, le désir d'être du nombre des élus. Ils sont nus pour rappeler le dépouillement absolu qu'impose la mort ; ils sont beaucoup plus petits que Notre Seigneur et même que leurs autres juges, pour marquer la différence de dignité et de sainteté.

3° *La séparation des Justes et des Pécheurs.*

A peine rendus à la vie, les justes et les pécheurs sont séparés : « Il séparera les uns d'avec les autres,

---

(1) « Videbunt Filium Hominis venientem in nubibus cœli cum virtute multâ et majestate. » (S.-Mat. XXIV, 30).

(2) « Et mittet angelos suos cum tubâ et voce magnâ. » (S.-Mathieu XXIV, 31). — « Et congregabuntur antè eum omnes gentes. (S.-Math. XXV, 32).

(3) Il y a quatorze petits tombeaux et trente-quatre morts.

« comme un berger sépare les brebis d'avec les
« boucs » (1).

Cette scène occupe, sous la précédente, toute la
largeur du linteau. Au milieu, un ange debout brandit un glaive et repousse les damnés qui se tiennent à
sa gauche. Ces malheureux, parmi lesquels on voit
un roi, un évêque, un abbé, pour faire souvenir
que les grandeurs terrestres et même les fonctions saintes ne mettent pas à l'abri de la damnation, sont accablés par la douleur et le remords. Les
uns jettent en arrière, du côté des justes, un regard
plein d'amertume et de regrets ; les autres baissent la
tête et pleurent. Un monstrueux démon à figure grimaçante et sarcastique, placé à l'extrémité du linteau,
les attire à lui ; déjà il a passé la corde au cou d'un
avare et saisit la bourse que cet infortuné voudrait
retenir. A la droite de l'ange, les justes dont l'attitude
et les gestes marquent la joie, une agréable surprise,
lèvent vers le Ciel des regards pleins d'admiration et
de reconnaissance. Sur la gauche, un autre ange
semble s'entretenir avec eux, les assurer de la réalité
de leur bonheur et les inviter à le suivre dans la
céleste Jérusalem.

4° L'entrée des Justes au Ciel.

Pour trouver la quatrième partie du sujet, l'entrée
des justes au Ciel, il faut revenir à la première et à

---

(1) « Et separabit eos ab invicem sicut pastor segregat oves ab hædis. »
(S.-Math. XXV, 32).

la seconde voussure. Au-dessus des anges qui sonnent de la trompette, on voit, sur deux rangs, sept autres messagers célestes portant de petites formes ou corps humains, et se dirigeant vers un personnage placé au haut de la deuxième voussure sur la gauche. Ce personnage tient déjà, enfermées dans les plis de sa toge et pressées sur sa poitrine, quelques-unes de ces petites formes humaines. Ce sont les anges qui, conformément à la mission que leur attribue la Sainte Écriture, rassemblent les élus (1) et les portent dans le sein d'Abraham (2), c'est-à-dire dans le Ciel : « Avant « Jésus-Christ, dit saint Augustin, le sein d'Abraham, « c'étaient les limbes ; depuis Jésus-Christ, c'est le « Ciel, le Paradis des bienheureux » (3).

5° *La distribution des Récompenses.*

Au sommet de la troisième voussure, un ange distribue des couronnes, symboles de la victoire : « Celui qui aura vaillamment combattu sera cou-

---

(1) « Et mittet angelos suos... et congregabunt electos ejus à quatuor ventis. » (S. Mat. XXIV, 31.)

(2) « Factum est autem ut moreretur mendicus et portaretur ab angelis in sinum Abrahæ. » (S Luc, XVI, 22.)

(3) « Sinus Abrahæ... qui ante Christum limbus patrum, post Christum est cœlum, quod est paradisus beatorum. » (S. Augustin, lib. IV, de animâ et ejus origine, caput XVI — (Cornel à Lapid tom. XVI, pag. 222.) — Ce symbolisme du sein d'Abraham est appuyé sur l'autorité de l'Église qui chante à l'office des Morts : « Et in sinum Abrahæ Angeli deducant te, » et au jour de St-Martin : « Martinus Abrahæ sinu lætus excipitur, Martinus hic pauper et modicus cœlum dives ingreditur » (5ᵉ antienne des laudes).

« ronné » (1). De chaque côté se tiennent les martyrs avec des palmes (2) et d'autres bienheureux avec des fleurs. Tous sont assis sur des trônes selon la promesse du Seigneur : « Celui qui aura vaincu prendra « place avec moi sur mon trône. — *Qui vicerit dabo* « *ei sedere mecum in throno meo* » (3).

6° *L'état de bonheur et de gloire des élus.*

A la quatrième voussure, les élus assis sur des trônes et portant des couronnes et des sceptres, symboles de leur royauté (4), jouissent dans le Ciel de la gloire et du bonheur, fruits de leurs travaux et de leurs vertus. Parmi ces habitants de la céleste Jérusalem se placent tout naturellement les martyrs que représentent les grandes statues.

I. Le plus rapproché de la porte, à gauche, est *saint Etienne*, premier martyr. Il porte les vêtements de son ordre, le diaconat, c'est-à-dire l'amict, l'aube, le manipule, la dalmatique à manches brodées. Il tient des deux mains le livre des Evangiles (5) et une palme. Sous ses pieds, un homme accroupi et tenant une pierre, rappelle le genre de

---

(1) « Non coronabitur nisi qui legitime certaverit. » — « Et dabo tibi coronam vitæ. » (Apoc. II, 10.)

(2) « Et palmæ in manibus eorum... » (Apoc. VII, 9) — La palme est le symbole du triomphe.

(3) Apocalypse III, 21.

(4) « Et regnabunt in sæcula sæculorum » (Apoc. XXII, 5.).

(5) Les diacres sont ordinairement représentés avec un livre parce que leur office le plus honorable est de chanter l'Evangile à la messe solennelle.

mort qui lui fut infligé par les Juifs, la lapidation(1).

II. La deuxième statue est celle de *Saint Laurent*, martyrisé à Rome au IIIe siècle. Ses vêtements sont les mêmes que ceux de saint Etienne avec cette différence que l'étole, qu'on ne voit pas sous la dalmatique de saint Etienne, est visible sous celle de saint Laurent. Il tient aussi des deux mains le livre de l'Evangile, mais n'a pas de palme. Du pied il renverse et tient cloué à terre un personnage couronné et revêtu d'un manteau. C'est le tyran impie, dont il a vaincu et trompé la cupidité en distribuant aux pauvres, avant son arrestation, les biens de l'Eglise dont la garde lui était confiée (2).

III. La troisième statue représente *saint Théodore*, soldat martyr au commencement du IVe siècle. Habillé en guerrier du Moyen-âge, il tient d'une main sa lance et de l'autre s'appuie sur son bouclier dans l'attitude du repos après la victoire. Sur le socle de cette statue on voit un petit temple entouré de flammes ; une idole est à l'entrée sous la colonnade et sur le fronton on lit ces mots : « *Templum Martis* ». L'histoire ecclésiastique nous apprend que saint Théodore fut mis à mort pour avoir incendié un temple consacré aux faux dieux (3).

IV. De l'autre côté de la porte, la première statue est celle de *sainte Thècle*, vierge et martyre au Ier siècle.

---

(1) Act. des Apôtres, VII.
(2) Hist. de l'Eglise — Vie des Saints — Brév· Rom., 10 août.
(3) Hist. de l'Eglise — Vie des Saints — Brév. Rom , 9 novembre.

Elle est vêtue d'une robe traînante serrée à la taille par une ceinture, et d'un manteau retenu sur la poitrine par une patte ou étroite bande d'étoffe. De la main droite elle tient cette patte et de la gauche une palme. Le genre de supplice auquel on voulut la soumettre, est rappelé par les deux animaux féroces placés sur le socle (1). Thècle fut exposée aux bêtes de l'amphithéâtre ; mais celles-ci, oubliant leur cruauté naturelle, se couchèrent à ses pieds et les léchèrent comme pour lui témoigner leur respect.

V. Auprès de cette sainte se trouve l'apôtre et le premier évêque de Paris, le glorieux martyr *saint Denis* (1er siècle). Revêtu des ornements pontificaux : amict, aube brodée, manipule, étole, chasuble forme Moyen-âge, portant la mitre et le bâton pastoral, il bénit de la main droite et de la gauche réduit un lion à l'impuissance en enfonçant dans sa gueule la pointe de sa crosse. Ce lion terrassé symbolise le paganisme vaincu par le zèle apostolique de saint Denis (2).

VI. La dernière statue est celle de *saint Georges*, tribun militaire, martyrisé sous Dioclétien. Comme saint Théodore, il porte le costume des guerriers du Moyen-âge, mais il a la tête couverte du casque. D'une main il s'appuie sur son bouclier, de l'autre il frappe et transperce d'un coup de lance un dragon étendu sous ses pieds. C'est le symbole de la victoire que ce courageux disciple de Jésus-Christ remporta,

---

(1) Grande Vie des Saints, par Collin de Plancy, tom XVIII, 23 septembre.

(2) Grande Vie des Saints, par Collin de Plancy, tom. XIX, 9 octobre.

lorsque, conduit dans un temple d'idoles, les statues furent renversées à son approche et le démon obligé de confesser qu'il n'y a qu'un seul vrai Dieu (1).

7° *Conclusion pratique que les vivants doivent tirer du spectacle du Jugement dernier.*

La cinquième et dernière voussure, sur laquelle se trouve figurée la *parabole des cinq vierges sages et des cinq vierges folles* (2), rappelle aux vivants que la conclusion à déduire du grand spectacle du Jugement dernier est celle-là même que Jésus-Christ tirait de la parabole : « Veillez, parce que vous ne savez ni le « jour ni l'heure. — *Vigilate itaque quia nescitis diem « neque horam* » (3).

Au sommet de la voussure on voit le Seigneur la tête ornée du nimbe crucifère. D'une main il bénit, de l'autre il tient un livre, l'Evangile. A ses côtés se trouvent d'abord deux portes, l'une ouverte, l'autre fermée, puis les dix vierges placées les unes sous les autres. Sur la droite du Sauveur, ce sont les cinq vierges sages ; elles sont assises et tiennent leurs lampes (4) droites et allumées pour marquer qu'elles veillent et attendent l'Epoux ; aussi la porte qui se trouve de leur côté, est-elle ouverte ? Quand on criera : « Voici l'Epoux, venez à sa rencontre » (5) elles

---

(1) Grande Vie des Saints, par Collin de Plancy, tom. VIII, 23 avril.
(2) St-Math. XXV, 1 à 13.
(3) St-Math. XXV, 13.
(4) Ces lampes ont la forme d'une coupe.
(5) St-Math. XXV, 6.

pourront y aller et entrer avec lui dans la salle des noces (1).

Sur la gauche de Jésus-Christ, ce sont les cinq vierges folles. Elles sont assises comme les autres, mais leurs lampes sont renversées et éteintes. Quand au milieu de la nuit on donnera le signal du passage de l'Epoux, elles ne seront pas prêtes et à leur arrivée elles trouveront la porte fermée « *Et clausa est* « *janua* » (2). Elles auront beau crier : « Seigneur, « Seigneur, ouvrez-nous, » la porte demeurera close.

« Veillez donc, car vous ne savez ni le jour, ni « l'heure. »

Des pinacles de grandes dimensions s'élèvent à la naissance des frontons et complètent la décoration des porches. Ces pinacles sont à base carrée et percée à jour. Chacune de leurs faces a une ouverture, en forme de lancette avec colonnettes dans les deux plus grands, en plate bande ou arc droit sans ornements dans les plus petits. Une corniche, couverte de feuillages enroulés, couronne la base et supporte une flèche octogonale, qui n'a d'autre ornement que le fleuron de son sommet et de petites pyramides triangulaires s'élevant sur quatre de ses côtés. Ces clochetons ont un aspect un peu lourd ; leurs flèches, en particulier, sont trop massives, elles écrasent la base qui les supporte. Sous les clochetons ou pinacles du milieu, la rencontre des frontons est ornée de deux énormes

(1) St-Math. XXV, 10.
(2) St-Math. XXV, 10.

gargouilles, figures d'animaux monstrueux, destinées, on le sait, à servir de conduits aux eaux des toits et à symboliser les vices (1).

II. *Deuxième étage du portail.* — *Rose et Fenêtres.*

I. LA GRANDE ROSE.

Au-dessus des porches règne d'abord une rangée de huit fenêtres peu élevées ; deux d'entre elles sont coupées à leur partie inférieure par le sommet du fronton central. Ces ouvertures sont ornées d'un double cordon de fleurons, de quatrefeuilles et surmontées d'archivoltes sculptées et reposant sur des têtes saillantes. Sur toute la largeur de la façade, au-dessus de ces fenêtres, règne une corniche chargée de gracieux rinceaux. Au-dessus de cette corniche, s'ouvre une grande et profonde arcade cintrée, ornée à sa partie antérieure de colonnettes et d'une archivolte décorée d'enroulements. Sous cette arcade s'épanouit la *grande rose*, composée d'un fleuron central à douze lobes et de vingt-quatre compartiments disposés sur deux rangs concentriques. Les douze divisions du premier rang sont séparées les unes des autres par de

---

(1) Les gargouilles ont très souvent la forme d'animaux fantastiques. « Elles « sont l'emblème des esprits malins qui se retirent des murs sacrés. » (Du symbolisme dans les églises du Moyen-âge par MM. J. Mason, Neale et Benj. Webb, M. A., de l'Université de Cambridge, traduit de l'anglais par M. V. O. (Mame et C¹ᵉ) pag. 212). Elles symbolisent aussi les vices.

courtes colonnettes et ont chacune cinq côtés inégaux ; le second rang est formé par des meneaux semi-circulaires, qui portent d'une part sur les colonnettes du premier rang et de l'autre sur le grand cercle de la rose. Le tout est entouré d'une riche guirlande de feuilles et d'un cordon de roses épanouies.

Sur les côtés de la rose centrale s'ouvrent deux arcades tracées en ogive peu accentuée, aussi profondes, mais moins hautes et moins larges que celle du milieu. Ornées, comme elle, de colonnettes et d'archivoltes sculptées et supportées par des figures d'hommes et d'animaux fortement en saillie, elles encadrent deux fenêtres ogivales, dont les voussures sont remarquables et par les sujets représentés et par la perfection du travail.

II. Fenêtre de gauche.

La fenêtre de gauche a quatre cordons ou voussures ; le premier est garni d'animaux fantastiques, espèces de dragons revêtus d'un capuchon, qui leur tombe sur le cou. Le deuxième est occupé par dix personnages (femmes) dont l'attitude et les gestes sont pleins de vie, de mouvement et de naturel. C'est la collection des *Arts libéraux* (1) que Viollet-Leduc déclare « une des plus belles » parmi celles qu'il a

---

(1) Miroir doctrinal

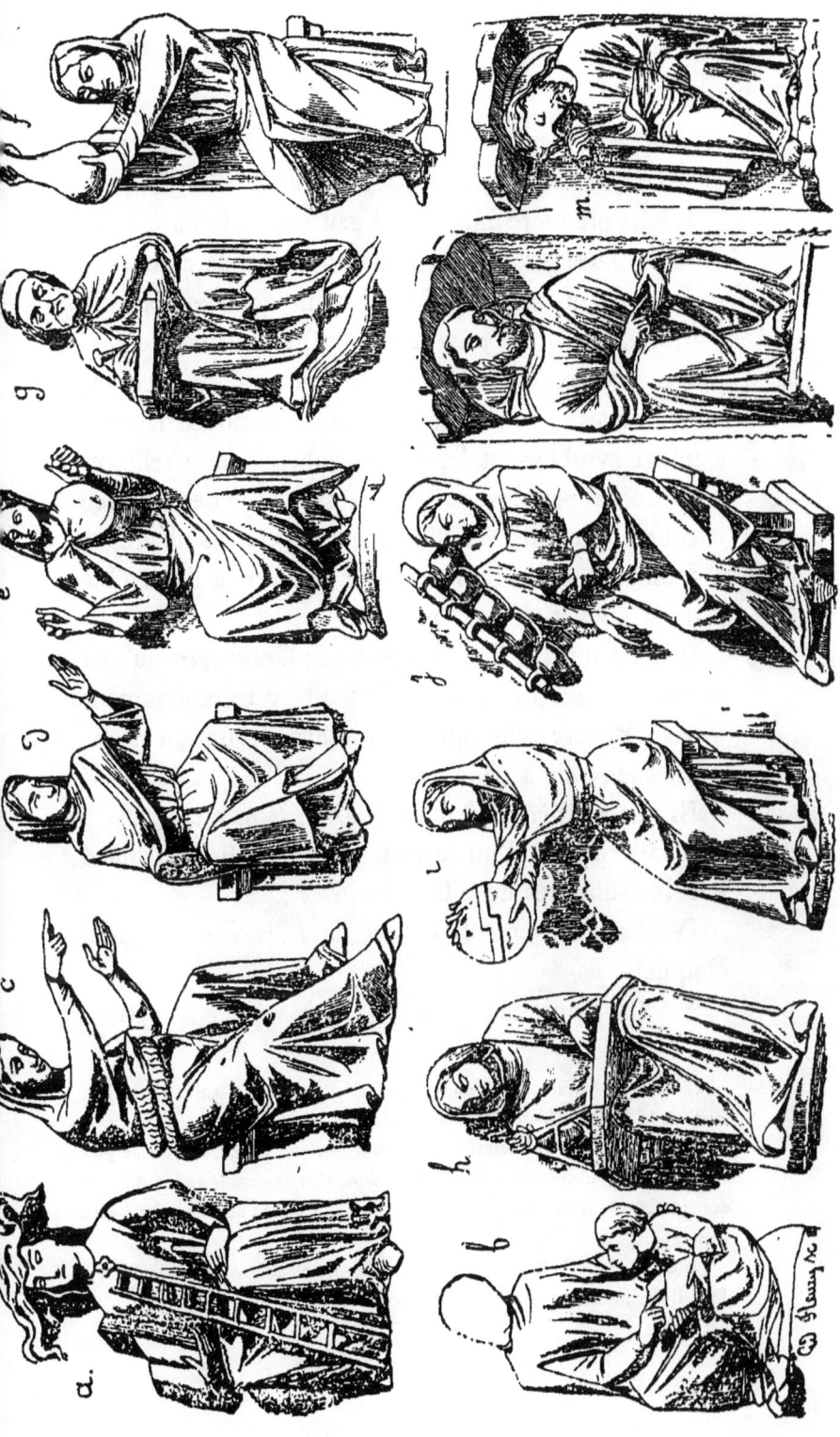

rencontrées. J'emprunte à Fleury la description qu'il en a faite d'après Viollet-Leduc et Melleville (1).

I. « La première figure (*a*), à gauche, est la *Philosophie*
« ou la *Théologie* (2) qui tient un bâton de comman-
« dement (un sceptre) de la main gauche, dans la
« droite, un livre ouvert sur un livre fermé, ce der-
« nier représentant l'Ancien Testament, le premier,
« le Nouveau ; la tête de la femme est noyée dans un
« nuage symbolisant les hautes sphères de la religion
« et de la pensée ; enfin, la statuette tient serrée
« contre elle une échelle qui indique les degrés à
« franchir nécessairement pour arriver à l'ensemble
« de la science divine. »

II. La deuxième figure (*b*) « est la *Grammaire* qu'une
« femme enseigne à un enfant aux yeux ardemment
« tournés vers celle qui l'initie aux débuts du savoir
« indispensable à l'homme. »

III. La troisième (*c*) « est la *Dialectique* ou *Logique* à
« la taille ceinte d'un serpent qui symbolise l'habileté
« et les subtilités de la discussion. »

IV. La quatrième (*d*) « est la *Rhétorique* au geste éloquent. »

V. La cinquième (*e*) « est l'*Arithmétique* qui tient

---

(1) Fleury, Antiq. et Monum. au . III, pag. 213 et suiv. Melleville, Hist. de la Ville de Laon, tom. I, pag. 108.

Les échafaudages qui permirent, pendant quelque temps, de voir de près ces sculptures, n'existent plus. Il faut donc s'en rapporter au témoignage des autres. On le fait volontiers et sans crainte quand on a Viollet-Leduc pour guide.

(2) C'est plutôt la Théologie, à cause des deux livres qu'elle tient ; ces deux livres figurent l'Ancien et le Nouveau Testament.

« entre ses doigts les boules de l'antique abaque ou
« machine à compter. »

VI. La sixième (*f*), « première figurine de droite,
« personnifie la *Médecine*, qui tient élevé à contre-
« lumière le fameux urinal de verre si souvent em-
« ployé et questionné par les Esculape des vieux
« âges. »

VII. La septième (*g*), « c'est la *Peinture* sous la figure
« d'un homme âgé et barbu qui trace au pinceau, ou
« au crayon, ou au burin, des lignes sur une table
« pentagonale. »

VIII. « Dans la huitième statuette (*h*) on reconnait
« facilement la *Géométrie* qui, à l'aide du compas,
« mesure, détermine et fixe les distances. »

IX. Dans la neuvième (*i*) « est représentée l'*Astrono-*
« *mie*, levant dans ses deux mains, suivant certains, le
« globe du monde partagé par un trait horizontal et
« brisé, une sorte de ligne équatoriale, suivant un des
« systèmes d'alors, ce qui aurait porté ces savants à
« croire que, dès la fin du XIIe siècle, on aurait déjà
« complété le système inachevé de Ptolémée sur la
« figure de la terre, tenue dès lors pour un sphéroïde ;
« mais il ne faut voir là que la ligne circulaire d'un
« astrolabe ou planisphère partagé par l'écliptique. »

X. La dixième figure (*j*), « la *Musique*, est personni-
« fiée par cette femme qui, d'un plectrum ou baguette
« tenue par la main gauche, va toucher un jeu
« de cinq clochettes suspendues en l'air à une
« tringle de fer, un carillon à main appelé *cymbalum*
» au neuvième siècle, *flagellum* au dixième, *tintin-*

« *nabulum* aux onzième et douzième pendant lesquels,
« selon Gérhart, ce carillon se composait de huit
« clochettes donnant l'accord parfait la, si, ut, ré, mi,
« fa, sol, la. »

La troisième voussure est couverte d'animaux fantastiques (dragons) ; la quatrième, de feuilles et de fruits délicatement travaillés.

III. Fenêtre de droite.

« La grande fenêtre de droite n'est ni moins
« ouvragée, ni moins curieuse par le décor de son
« archivolte. Elle a été non moins bien étudiée et
« décrite dans ses nombreux détails par Melleville et
« par Viollet-Leduc. Cette archivolte, comme celle
« de la fenêtre de gauche, se divise en quatre plans
« ou cordons illustrés » (1).

Sur le premier, ce sont des aigles aux ailes déployées ; sur le troisième, des oiseaux perchés sur un pied de vigne dont ils mangent les raisins ; sur le quatrième, des rinceaux. « C'est sur le second que
« toute une grande scène à personnages se déroule à
« droite et à gauche. La *Création du monde* (2) y fait
« symétrie à l'assemblée des Arts libéraux. »

1. La première statuette représente « *Dieu, pensant*
« *à l'œuvre* (*l*) à laquelle il va se livrer (3) ; il compte
« sur ses doigts et semble supputer le nombre de

---

(1) Fleury, Antiq. et Mon., tom. III, pag. 213 et suiv.
(2) Miroir naturel.
(3) Voir la gravure précédente (Arts libéraux).

« jours qu'il lui faudra pour terminer son ou-
« vrage » (1).

2. La seconde statuette, placée au-dessus de la première, rappelle le commencement de la création. *Dieu crée les anges*, dont les neuf chœurs (1) sont représentés par neuf têtes d'hommes, et il tire du chaos primordial, figuré par des ondulations, *la lumière* que représente un petit nuage s'élevant au-dessus de ses ondulations.

3. Dans le troisième compartiment, *Dieu crée le firmament* et « sépare la terre des eaux » (1).

4. Dans le quatrième, il *crée les végétaux* qu'on voit entre ses mains sous forme d'arbres.

5. Dans le cinquième, ce sont les *astres*, le soleil, la lune et les étoiles.

6. Dans le sixième, il *crée les poissons et les oiseaux*.

7. Dans le septième, les *quadrupèdes* qu'on voit à ses pieds et *l'homme*, dont il touche le visage d'une main et qu'il établit roi de la création en lui montrant les animaux accroupis devant lui.

8. « Dans le huitième, *Dieu est assis et dort* (m), la tête appuyée sur un bâton » (1). C'est la traduction naïve de ce passage de l'Ecriture : « Le septième jour, après avoir achevé son œuvre, il se reposa — *Requievit die septimo ab universo opere quod patrârat* » (2).

9. « Le septième sujet représente des anges et des

---

(1) Viollet-Leduc. Diction. raisonné de l'architecture française, tom. IV art. Création, pag. 370 et 371.

(2) Genèse II, 1.

« hommes qui adorent Dieu ; celui-ci parait admirer
« son œuvre » (1).

10. « Le dixième sujet indique la destinée humaine.

« Un personnage de grande taille, couronné, porte
sur ses genoux deux autres petits personnages, également
couronnés, qui l'adorent. Deux anges apportent
des couronnes à droite et à gauche du personnage
principal : ce sont les élus réfugiés dans le sein de
Dieu (les justes récompensés dans le ciel). Sous ses
pieds, une grosse tête de démon dévore un homme
nu : c'est l'enfer et ses victimes, » (2) — les pécheurs
condamnés aux supplices éternels.

Le deuxième étage du portail se termine par une
corniche ornée de feuilles et surélevée au milieu.

III. *Troisième étage.* — *Galerie.*

Au-dessus de la corniche terminale du second
étage, règne une *galerie* composée d'une série de
gracieuses colonnettes et de petites arcades dont les
archivoltes sont décorées de feuilles et de têtes saillantes.
Cette galerie est divisée en trois par des pinacles
carrés, à double étage et couronnés de toits pyramidaux
d'un aspect un peu trop lourd. La partie principale
de cette galerie, celle qui est au-dessus de la
rose, est placée un peu plus haut que celles des
côtés ; elle a sept arcades, dont l'une, celle du milieu,
plus élevée et plus large que les autres, est soutenue

---

(1) Viollet-Leduc. — Ouvrage déjà cité.
2) Fleury. Antiq. et Monum. Tom. III, pag. 218.

par des faisceaux de trois colonnettes. Les deux autres parties, sur les côtés, n'ont chacune que quatre arcades. Derrière cette galerie le mur est orné d'arcatures sur toute sa longueur. Une belle et large corniche couronne le tout.

Autrefois un vaste *beffroi*, dans lequel était la sonnerie, terminait la façade au-dessus de la galerie du milieu. Elevé « probablement après le violent trem-« blement de terre du 18 septembre 1692, dont les « commotions se firent sentir dans toute la contrée, « et ébranlèrent profondément le donjon de Coucy, « qui se fissura en plusieurs places », ce beffroi « a « été démoli en 1843 » (1) et remplacé, lors de la restauration du portail, par une balustrade que domine une grande statue de la Sainte-Vierge, Mère de Dieu, debout entre deux anges agenouillés et portant des chandeliers. On trouve généralement que ce couronnement de la façade n'est pas sans reproche et qu'il manque de grandeur.

IV. *Les Tours du grand portail.*

1. Au-dessus de la galerie, qui forme le troisième étage du portail, s'élèvent *deux tours* parfaitement symétriques, tours si bien proportionnées, si hardies et si belles qu'en les voyant, le célèbre architecte du XIIIe siècle, Vilart de Honnecourt, plein d'admiration, s'écriait : « *En aucun liu oncques tel tor ne vi com est* « *cele de Loon.* — Jamais en aucun lieu je ne vis

---

(1) Melleville. Hist. de Laon. Tom. I. pag. 110.

« tours pareilles à celles de Laon » (1). Les vrais connaisseurs ne s'élèveront pas, je pense, contre cette appréciation d'un maître du grand siècle des cathédrales.

Chacune de ces tours se compose de deux étages, le premier établi sur plan carré, le second sur plan octogonal.

Le premier étage est percé sur ses quatre côtés de lancettes géminées, décorées de colonnettes et d'archivoltes fleuries. Les angles sortants des contreforts sont ornés de colonnettes engagées en chacun d'eux (2), et toutes les parties un peu saillantes ou disposées en encorbellement, sont couvertes de feuillages enroulés. Cet étage se termine par un larmier fleuri.

L'étage supérieur des tours a huit côtés, dont quatre, ceux qui correspondent aux faces de l'étage inférieur, sont percés de longues baies garnies de colonnettes et d'une ligne d'élégants crochets, qui de la base monte jusqu'au sommet de l'ouverture ; des têtes saillantes et des enroulements décorent le cordon extérieur de l'archivolte. Les quatre autres côtés, ceux qui correspondent aux angles de l'étage inférieur, sont aussi percés de longues baies ; mais ces baies sont dépourvues d'ornements et cachées en partie par d'élégantes *tourelles* à jour, divisées en deux étages. Le premier de ces étages est sur plan carré et ses arcades s'appuient sur des

---

(1) Fleury. Antiq. et Monum. Tom. III, pag. 195.
(2) Cette disposition se rencontre presque partout dans la cathédrale.

colonnes ou piliers à huit pans, flanqués d'une colonnette sur le côté extérieur. Le second étage, séparé du premier par un entablement chargé de rinceaux, est composé de cinq arcades portées par d'élégantes colonnettes.

2. C'est entre ces arcades que sont placées les colossales et fameuses *statues de bœufs* (huit sur chaque tour). On se perd en conjectures sur l'origine de cette décoration insolite.

La tradition la plus autorisée attribue la présence de ces animaux sur les tours de la cathédrale au miracle suivant rapporté dans la chronique de Guibert de Nogent : (1) « Un clerc, chargé d'amener des ma-
« tériaux pour la réparation des toitures, gravissait la
« montagne avec son chariot, lorsqu'un de ses bœufs
« vint à tomber de lassitude. Comme il n'en trouvait
« pas d'autre pour le remplacer, il en vit tout à coup
« accourir un qui se présenta de lui-même pour prêter
« son concours à l'ouvrage commencé. Grâce à
« ce renfort, le char fut promptement conduit
« jusqu'à l'église. Arrivé là, le pauvre clerc était
« très embarrassé ne sachant à qui renvoyer l'ani-
« mal ; mais celui-ci, à peine détaché du joug, et
« sans attendre ni conducteur, ni menaces, s'en
« retourna promptement à l'endroit d'où il était
« venu. » C'est en récompense de ce service qu'on aurait placé des statues de bœufs sur les clochers de la cathédrale.

(1) Livre III. Chap. XIV

Dans ses mémoires manuscrits sur l'histoire de Laon,(1) Claude Leleu raconte le même fait, mais avec une variante. L'attelage arrêté dans la montagne, portait, selon lui, non des matériaux pour la restauration, mais bien les précieuses châsses et les Saintes Reliques, que les quêteurs étaient allés offrir à la vénération des peuples.

3. Dans chaque tour, l'une des tourelles, dont nous venons de parler, renferme un *escalier tournant et à*

___
(1) Tom. I, page 260 au verso.

jour (1) d'une construction des plus hardies et des plus remarquables. Chaque degré est supporté d'un côté par le nœud central et de l'autre par une svelte colonnette ; le tout forme une cage cylindrique d'une élégance et d'une légèreté étonnantes.

Une large frise, ornée d'enroulements, couronne l'étage supérieur de la tour et supporte une série

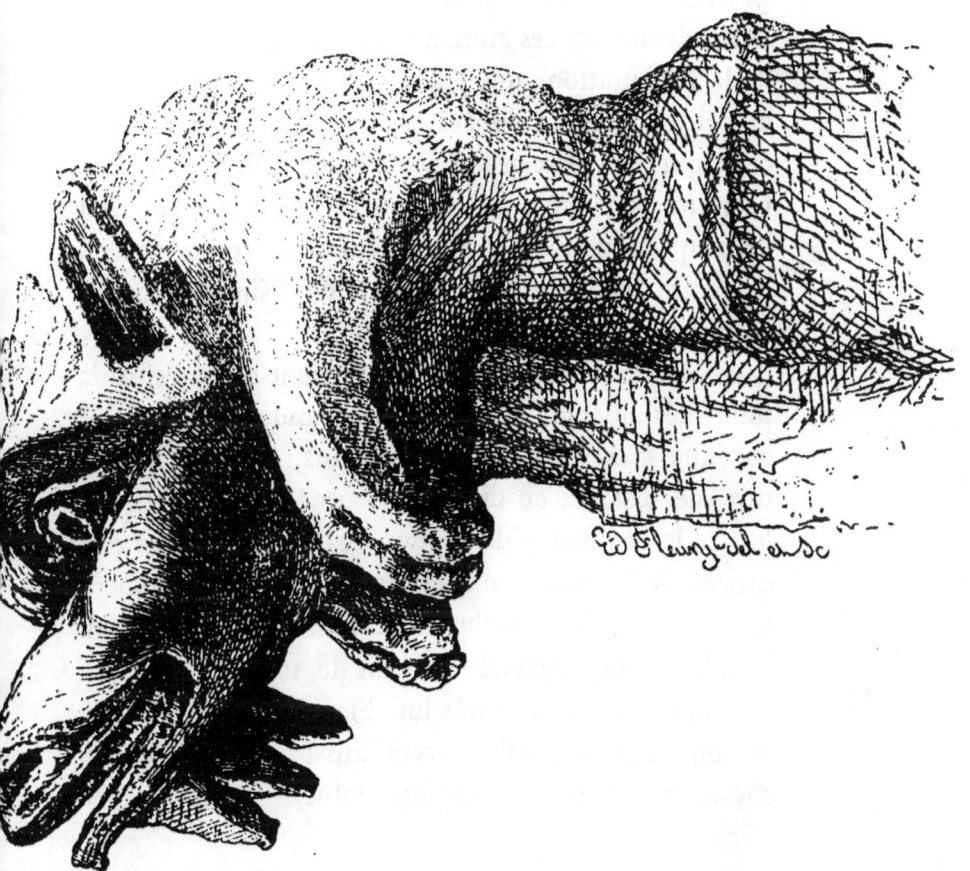

d'*animaux fantastiques*, dont la forte saillie sur le som-

(1) Voir la gravure.

met de la construction, les formes variées, l'attitude étrange, l'expression effrayante, stupide, malicieuse ou sarcastique, produisent un grand effet et symbolisent parfaitement les diverses passions humaines et les ruses de l'esprit malin. Ces animaux sont au nombre de vingt sur chaque tour, un sur chaque face et quatre sur chaque tourelle; plusieurs servent de gargouilles ou conduits pour les eaux.

Au-dessus de ces animaux on a ajouté, au moment de la restauration, une galerie ou *balustrade* composée de petites arcades trilobées et de trèfles. Très utile pour ceux qui font l'ascension des clochers, elle parait, d'en bas, un peu grêle et ne produit peut-être pas tout l'effet qu'on pouvait en attendre. Les lanternons qu'on aperçoit derrière cette balustrade, surmontent et abritent les escaliers.

4. D'anciennes gravures témoignent qu'autrefois la tour méridionale de la grande façade se terminait par une *flèche en pierre*, à huit pans, percée d'ouvertures de distance en distance et ornée de crochets sur les angles saillants; des pyramides de même forme et ornées de la même manière, surmontaient également les tourelles. Cette flèche fut, comme nous l'avons vu plus haut (1), renversée à la fin de 1793.

Viollet-Leduc et, après lui, Fleury (2) pensent que la tour septentrionale portait aussi une flèche. La chose, toutefois, demeure incertaine.

---

(1) Historique, page 44.
(2) Fleury, Antiq. et Monum., tom. III, pag. 189 et suiv.

5. Au pied de cette tour, sur la face qui regarde le Nord, se trouve une *porte* qui n'est pas sans valeur artistique.

Ouverte au commencement du XIIIe siècle, comme le prouve un acte dont il a été question plus haut, (1) elle offre dans les colonnettes et les gracieux chapiteaux qui ornent ses côtés, dans les roses épanouies et les feuilles finement sculptées de ses archivoltes, de beaux spécimens du style ogival ou français à son apogée.

Sur le tympan, divisé en deux parties superposées, se déroule une scène, probablement celle d'un *martyre* : à la partie inférieure, le martyre lui-même, à la partie supérieure, l'apothéose ; mais l'état de dégradation de la sculpture ne permet ni de préciser les divers détails de cette scène, ni de reconnaître le saint dont elle devait conserver le souvenir.

Cette porte est surmontée de deux fenêtres entourées de roses et de quatrefeuilles. Au-dessus on voit une autre fenêtre plus grande et de même style, puis une série d'arcatures faisant suite à la galerie du portail.

6. C'est dans cette même tour (de gauche) que se trouvent actuellement les *cloches*.

La sonnerie de la cathédrale de Laon était réputée jadis l'une des plus belles de France. Au XIIIe siècle elle comptait huit cloches ; les noms de cinq d'entre elles sont parvenus jusqu'à nous ; elles s'appelaient Marie, Bridine, Capelaine, Manière et Anieuse ;

---

(1) Historique, page 31.

Marie était la plus ancienne, il en est parlé dès le XII⁰ siècle. En 1268, l'évêque Guillaume de Champeaux fit fondre une neuvième cloche plus grosse que toutes les autres ; elle pesait, dit-on, 18000 livres (9000 kilogr.) et portait le nom de Guillemette. On ne la sonnait que dans les circonstances solennelles : le jour des grandes fêtes, le jour de l'entrée à Laon du roi, de l'évêque ou de quelque puissant personnage.

Dans les siècles suivants, à ces neuf cloches on en ajouta successivement neuf autres dont l'une portait le nom de Baudoine ou Baudouine, sans doute en mémoire de saint Baudoin, archidiacre de Laon, martyrisé au VII⁰ siècle (8 janvier 680). Au moment où éclata la Révolution, ces cloches se trouvaient, les quatre plus grosses dans le beffroi, construit entre les deux tours du grand portail ; les autres dans la tour de l'horloge et dans la flèche en bois qui lui faisait pendant sur le portail du midi. Toutes furent alors brisées à l'exception d'une seule, la plus grosse de celles qui composent aujourd'hui la sonnerie de la cathédrale.

Cette sonnerie, quoique fort déchue de son antique splendeur, est cependant encore l'une des plus belles et des plus harmonieuses de la région. Elle compte cinq cloches :

1. La première, la plus grosse, pèse 3000 kilos et mesure 1^m 75 de haut et 5^m 15 de circonférence. Elle a des sons d'une remarquable beauté. C'était, avant la Révolution, le troisième bourdon de la cathédrale. L'inscription latine qui entoure sa partie supérieure ou

cerveau, nous apprend qu'elle fut refondue en juin 1742 et appelée *Jean-Baptiste* :

« *Joannes Baptista vocor. Capitulum me in melius renovari jussit anno Domini millesimo septingentesimo quadragesimo secundo, mense junio, regnante Ludovico decimo quinto, Joanne Francisco Josepho de Rochechouart episcopo laudunensi.* » — « Je m'appelle Jean-Baptiste. Le chapitre me fit refondre en l'an du Seigneur 1742 au mois de juin, sous le règne de Louis XV et l'épiscopat de Jean-François-Joseph de Rochechouart, évêque de Laon. »

Le nom du fondeur se trouve en bas de la cloche : « Ph. Cavillier, fondeur à Carrépuis. »

2. Les quatre autres cloches datent de 1805, ainsi que l'atteste l'inscription suivante répétée sur chacune d'elles :

« L'an mil huit cent cinq, j'ai été fondue sous le règne de Napoléon Bonaparte, empereur des Français, etc. »

Une autre inscription gravée sur une plaque de métal et appliquée sur une poutre du beffroi auprès de chaque cloche, nous fait connaître et le nom de cette cloche et ceux de son parrain, de sa marraine et du vicaire général qui présida la cérémonie de la bénédiction.

Pour la plus grosse de ces cloches, la deuxième de la sonnerie, l'inscription est ainsi conçue :

« Sous l'épiscopat de Monseigneur Jean-Claude Leblanc-Beaulieu, évêque de Soissons et Laon, j'ai été bénite par Monsieur Antoine-Jean-Nicolas de Bully, grand archidiacre, vicaire général et théologal de l'église cathédrale de Soissons et nommée *Napoléon* par M. Louis-Auguste Legrand-Delaleu, président de la cour de justice criminelle du département de l'Aisne, associé de l'Institut national et membre de la Légion d'honneur, et Madame Marie-Alexandrine Raoul, épouse de Monsieur Alexandre Méchin, préfet du département de l'Aisne et membre de la Légion d'honneur.—*Napoleona vocor, magnarum nuntia rerum.* »

Au bas de l'inscription on lit le nom du graveur : « *Isidorus L. Marchand, lauduneus anno Dom. 1806 sculpsit.* »

Cette cloche pèse 2100 kil.

3. Troisième cloche. Poids : 1500 kil. L'inscription conçue dans les mêmes termes que la précédente, nous apprend qu'elle s'appelle *Françoise* et eut pour parrain « M. Claude-Amable-Joseph de Millange, directeur des droits réunis du département de l'Aisne » et pour marraine « Madame Marie-Géneviève-Françoise de Bully, épouse de M. Nicolas Roger, receveur général du département et membre de la Légion d'honneur. »

4. Quatrième cloche. Poids : 1230 kil.

« ...Nommée *Sophie* par M. Pierre-Félix Rossignol, maire de cette ville et Mme Marie-Louise-Sophie de Saint-Jean, épouse de M. Jacques-François-Laurent Devismes, législateur et membre de la Légion d'honneur. »

5. Cinquième cloche. poids : 800 kil.

« ..... Nommée *Cécile* par M. Albert-Charles

Levoirier, ancien capitaine d'infanterie et membre du Conseil municipal et Mme Marie-Cécile Amaniou, épouse de M. Cyprien-Oudart Michault-S. Mars, membre du Conseil de l'arrondissement communal de Laon et administrateur des hospices. »

Ces quatre cloches furent fondues par Nicolas Cavillier, de Carrépuis, comme l'indique une petite inscription placée au bas de chacune d'elles : « Nic^s Cavillier, fondeur à Carrépuis. » — Nic. Cavillier était, sans aucun doute, un membre de la famille de Ph. Cavillier qui, en 1742, refondit la grosse cloche.

CHAPITRE II.

Côté Nord de la Cathédrale.

En continuant la visite de la cathédrale du côté du Nord, on remarquera d'abord la travée la plus rapprochée de la tour ; elle rappelle la *disposition primitive des collatéraux* avant l'adjonction des chapelles. Partout alors, comme dans cette première travée, on voyait s'élever entre les contreforts, un mur percé de deux fenêtres superposées et terminé par une frise couverte de feuilles entablées et recourbées en forme de crosses. Les fenêtres, destinées à éclairer le bas-côté et la galerie intérieure qui le surmonte, étaient encadrées de colonnettes et d'archivoltes dont l'arc extérieur était orné de feuilles le plus souvent repliées en volutes.

I. — *La nef.*

1. Chapelles latérales de la nef.

Après la travée dont il vient d'être question, on rencontre les belles chapelles latérales de la nef, ajoutées dans l'intervalle des contreforts, pendant la seconde partie du XIIIe siècle et au cours du XIVe.

Des contreforts couronnés de pinacles reçoivent la poussée des voûtes intérieures de ces chapelles. Le mur extérieur est percé de larges fenêtres divisées par un élégant meneau en deux compartiments dont les arcs trilobés sont surmontés d'une rosace tantôt à quatre, tantôt cinq lobes. L'arc extérieur de ces fenêtres est orné d'un cordon de campanules ou clochettes et d'autres fleurs épanouies. Au sommet des contreforts, des *gargouilles* très saillantes et représentant les animaux les plus variés et souvent les plus fantastiques, rejettent au loin l'eau des toits et symbolisent, comme nous l'avons vu, les vices et les passions de l'humanité. Une balustrade formée de petites arcades trilobées, s'élève entre les pinacles et termine le mur. Ces chapelles, complètement restaurées aujourd'hui, sont couvertes d'un dallage en pierre.

2. Bas-côtés et étage supérieur de la nef.

Au-dessus de ces chapelles ajoutées après coup, apparaissent les *contreforts* de l'édifice primitif. Leur forme est simple, robuste, sans autres ornements que quelques ressauts et des larmiers. Ils se terminent par un petit toit à double égout orné sur le devant d'un bouquet ou panache. Les *arcs-boutants* sont également d'une grande simplicité ; ils décrivent un quart de cercle dont la partie inférieure s'appuie sur le contrefort et le sommet sur un dosseret ou colonne trapue, à cinq pans, engagée dans le mur de la nef.

Entre ces contreforts de la construction primitive, on voit d'abord les *fenêtres qui éclairent les larges galeries intérieures*. Ces ouvertures sont garnies de colonnettes et couronnées d'un cordon de feuilles reposant, à chaque extrémité, sur des têtes grimaçantes d'hommes, d'oiseaux ou d'autres animaux. Comme celles de l'étage supérieur, ces fenêtres, dessinées en ogive, ne sont ni très hautes, ni divisées en plusieurs compartiments. Au-dessus d'elles, une frise, couverte de feuilles entablées aux formes les plus gracieuses, termine le mur des bas-côtés. (1)

Plus haut, ce sont les *fenêtres de l'étage supérieur*, celles qui éclairent directement la grande nef. Elles sont décorées avec autant de luxe que d'élégance. Leur encadrement se compose d'une guirlande de feuilles délicatement travaillées, qui de la base monte jusqu'au sommet de l'ogive, puis de deux colonnettes surmontées de simples moulures, et enfin d'un arc extérieur orné de gracieux enroulements et reposant sur des têtes saillantes d'hommes et d'animaux.

Une *frise* d'une grande richesse couronne le sommet des hauts murs. Elle est portée de distance en distance par des figures d'hommes ou statuettes, placées

---

(1) Les toits des bas-côtés sont en ardoise.

sur les arcs-boutants. Ces personnages ont les postures et les expressions les plus variées et, le plus souvent aussi, les plus naturelles : celui-ci est péniblement courbé; celui-là, accroupi; l'un semble faire de grands efforts pour empêcher la corniche de tomber, l'autre se résigne au triste sort de fléchir sans cesse sous un poids écrasant.

Le toit qui abrite la nef est aujourd'hui couvert d'ardoises et repose sur une charpente complètement en fer.

3. La Lanterne.

A l'intersection de la nef et du transept, on voit s'élever une vaste construction de forme carrée, flanquée de contreforts et percée de hautes et larges fenêtres décorées comme celles des bas-côtés. C'est *la lanterne*, base d'un clocher central demeuré inachevé. Une large corniche ménagée sous les fenêtres permet de circuler autour de cette lanterne, une autre couronne le haut des murs et porte un toit pyramidal disgracieux qui bientôt, nous l'espérons, fera place à une flèche plus élancée.

II. — *Transept du Nord*.

1. Côté Ouest.

Les dispositions générales de la partie ouest du transept Nord sont les mêmes que celles de la nef, avec cette différence, toutefois, qu'il n'y a pas de chapelles latérales.

2. Portail du Nord.

Le transept Nord se termine par un portail accompagné de deux tours dont une seule s'élève au-dessus des combles de l'église.

Ce portail, auquel on accède par un large escalier de plusieurs marches, se compose à l'étage inférieur de deux grandes portes semblables et ouvertes l'une auprès de l'autre ; leurs ébrasements sont garnis de colonnettes couronnées de chapiteaux très variés et très gracieux, et de voussures simples et sans autre ornement que des chapelets ou guirlandes de petites étoiles à quatre rayons. Chacune de ces portes, divisée par un trumeau, est surmontée de deux arcs en ogive qui, tracés sur le tympan, en forment la seule décoration.

Au-dessus des portes, règne une frise de feuilles entablées.

Le deuxième étage de ce portail comprend une série de cinq fenêtres encadrées de colonnettes et d'archivoltes décorées, une frise et une *grande rose* qui présente autour d'un fleuron central à huit lobes, huit rosaces également à huit lobes, mais de moindres dimensions. Des oculi en même nombre occupent les intervalles laissés libres entre ces rosaces et le grand cercle qui entoure le tout. Ce grand cercle n'est orné que de simples moulures.

Auprès de cette rose, sur la droite, deux longues colonnettes, un commencement d'arcade et des pierres d'attente indiquent qu'au XIVe siècle on voulut faire subir à ce portail le changemenr qui eut lieu, comme nous le verrons plus loin, à celui du Midi.

Une corniche, ornée de feuilles entablées et sous laquelle on remarque deux gargouilles mutilées, termine le second étage.

Le troisième étage se compose d'une galerie. Cette galerie, qui n'occupe pas toute la largeur du portail et laisse de chaque côté un petit espace sans ornement, a sept arcades dont les archivoltes richement décorées sont couvertes d'enroulements et de têtes saillantes ; l'intrados lui-même est parsemé de fleurs épanouies.

Cette façade se termine horizontalement par une frise ornée de rinceaux. On remarque au-dessus de cette frise, sur la droite, un commencement de balustrade qu'on éleva, sans doute, lorsqu'on voulut remanier cette partie de l'édifice.

Deux *tours* accompagnent le portail du Nord. Entre leurs robustes contreforts, on voit d'abord une assez assez grande fenêtre, puis une frise de feuilles entablées ; au-dessus, deux fenêtres plus petites que la précédente et complètement fermées. Plus haut, au niveau de la rose centrale, deux autres fenêtres encore; enfin quatre arcatures à archivoltes ornées de rinceaux et faisant suite à la galerie du milieu, mais placées un peu plus bas.

La frise qui termine le milieu du portail, contourne les tours et sert de couronnement à celle de gauche qui est inachevée. (1) Celle de droite, appelée *tour*

---

(1) D'après Melleville (Hist. de Laon, tom. I, pag. 98), une flèche en bois qni s'élevait sur ce commencement de tour, aurait été abattue en 1750°

Saint-Paul, présente dans son ensemble, à partir de l'endroit où elle s'isole, les mêmes dispositions que les tours de la façade occidentale. Quelques différences cependant sont à noter. Les deux grandes baies du premier étage, comme celles du second, sont entourées d'un rang de crosses végétales et surmontées d'un entablement garni de crochets ; les tourelles ou clochetons élevés aux angles du deuxième étage ont toutes leurs arcades trilobées ; les frises sont ornées de crosses végétales et d'enroulements ; au-dessus de la grande baie et sous la corniche terminale, chaque face est ornée de deux motifs découpés en quatrefeuilles ; on remarque encore que cette tour est plus haute que celles du grand portail, que les têtes saillantes, les figures grimaçantes d'hommes et d'animaux y sont beaucoup plus nombreuses et qu'elle n'est surmontée ni de balustrade ni de flèche.

Ces différences, surtout celles qui se manifestent dans la forme des arcs et dans les ornements, indiquent que la partie supérieure de cette tour est plus récente que les clochers de la façade occidentale, plus récente aussi que le portail sur lequel elle s'élève. Ce portail est, en effet, dans son ensemble, le plus ancien de la cathédrale. Contemporain du transept, il dut être construit dans la seconde moitié du XIIe siècle, tandis que le haut de la tour parait être l'œuvre du commencement du XIIIe.

3. Côté Est du Transept.

Pour continuer la visite de l'extérieur de l'église, il

faut pénétrer dans la cour du Palais de Justice (ancien Evêché).

En entrant, on voit immédiatement sur la droite et élevée sur le côté oriental de la façade du Nord, une chapelle terminée en abside à sept pans et divisée intérieurement en deux étages. Elle est éclairée par des fenêtres ogivales disposées sur trois rangs et séparées par des frises ; celles du second rang seules sont ornées de colonnettes. Au-dessus de la seconde corniche, un étroit passage avec ouvertures pratiquées dans les contreforts, permet de circuler autour de la chapelle. Des figures d'hommes, d'oiseaux et d'autres animaux sculptées entre les rinceaux de la dernière frise, servent d'amortissement aux contreforts. (1)

Auprès de cette première chapelle, il y en a une autre construite dans l'angle formé par le chœur et le transept. Elle est de grandes proportions bien qu'elle ne soit éclairée extérieurement que par une seule fenêtre.

III. — *Le Chœur.*

1. Chapelles latérales du chœur.

Comme celles de la nef, les chapelles latérales du chœur s'élèvent entre les contreforts. Leurs fenêtres sont divisées par un meneau en deux compartiments surmontés d'arcs trilobés et d'une rosace à six lobes ; la première, toutefois, plus étroite que les autres, n'a

---

(1) **Pour la date de la construction,** voir plus haut, page 38.

pas de meneau et se termine par un arc trilobé au-dessus duquel s'épanouit un trèfle ; la deuxième, au lieu d'une rosace à six lobes, a deux quatre-feuilles surmontés d'un trèfle ; et la dernière n'offre, présentement du moins, qu'une large baie sans division. Au-dessus de ces fenêtres s'élèvent des frontons dont les rampants sont garnis de crosses végétales, de feuilles de chou ou de chardon. Les contreforts de ces chapelles sont droits et ont peu de saillie. Vers leur sommet, à la naissance des frontons, se trouvent des *gargouilles* représentant divers animaux, lion, sanglier,

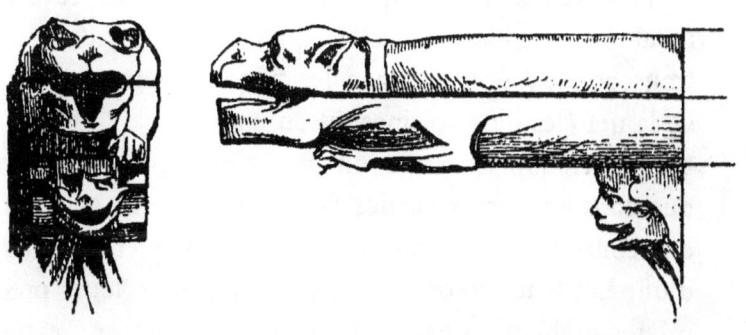

etc. ; et au-dessus de ces gargouilles, des pinacles dont la partie antérieure, ornée d'un petit dais et d'un cul-de-lampe, servait d'abri à des statues qui ont disparu. Une balustrade à arcades trilobées, dont on voit un reste à l'extrémité de la dernière chapelle du côté du chevet, s'élevait jadis entre les pinacles. Malheureusement, balustrade, frontons, pinacles, tout a été coupé par un toit bâti en dépit du bon sens. La restauration, nous en avons la confiance, le fera disparaître et rendra aux chapelles leur gracieux couronnement.

2. Bas-côtés et étage supérieur du chœur.

Les bas-côtés et l'étage supérieur du chœur offrent les mêmes dispositions que les parties correspondantes de la nef et du transept. Je signalerai cependant quelques différences.

Dans les bas-côtés, les archivoltes des fenêtres ne sont pas ornées de feuillages, mais de simples moulures. La frise qui termine le mur, est couverte de rinceaux sauf dans les deux ou trois travées les plus rapprochées du transept, où l'on remarque des feuilles entablées, semblables à celles qui se trouvent dans le transept lui-même et dans les cinq premières travées de la nef (les plus voisines du chœur).

L'étage supérieur est un peu plus élevé au chœur que dans les autres parties de l'église (1). Le sommet des contreforts se termine par deux bouquets au lieu d'un. Les fenêtres ont leurs pieds droits et leurs premières archivoltes garnis de fleurons ; leur arc extérieur présente la même décoration, excepté dans les trois plus rapprochées du transept et les deux dernières; les fleurons, sont, à ces endroits, remplacés par des quatrefeuilles ou étoiles juxtaposés. De tous les personnages qui se trouvent au sommet des arcs-boutants, deux ou trois seulement semblent faire des

---

(1) On constate cette différence de hauteur au point de jonction du chœur et du transept; les frises ne se réunissent pas; celles du chœur sont élevées d'un mètre environ au-dessus des autres.

efforts pour soutenir la corniche ; les autres, parmi lesquels on distingue un ange, sont assis dans des postures diverses et paraissent méditer. La frise qui couronne les hauts murs, se compose de feuilles entablées au-dessus des premières travées, et de rinceaux au-dessus des quatre dernières.

IV. — *Le Chevet*.

La cathédrale se terminait primitivement par une

abside polygonale ou semi-circulaire, moins longue

que le chœur actuel et, par conséquent, mieux proportionnée au reste de l'édifice. Elle se termine aujourd'hui par un *chevet carré*, dont l'effet n'est pas comparable à celui d'une abside circulaire, mais qui n'en est pas moins une des parties les plus typiques du monument.

On a beaucoup disserté sur la cause qui fit adopter ce plan, lorsqu'au début du XIIIe siècle, on voulut agrandir le chœur. Les uns (Montalembert, Lassus) ont vu dans ce mur plat une réminiscence de la forme imposée par saint Bernard aux églises de son ordre. D'autres ont mis en avant une raison d'économie (Viollet-Leduc). D'autres enfin, faisant observer avec Fleury qu'un grand nombre d'églises du Laonnois offrent un terminal rectiligne, ont invoqué une habitude locale (1). Ces diverses opinions ont leur valeur ; la dernière toutefois parait la plus vraisemblable.

Le chevet, tel qu'il se présente actuellement, est soutenu par de hauts et robustes contreforts et percé, à la partie inférieure, de trois grandes lancettes dont les ogives aigues caractérisent bien l'époque de la construction. Ces baies, ornées de longues colonnettes et d'archivoltes à moulures simples (2), sont surmontées d'une frise couverte de rinceaux, au-dessus de laquelle s'épanouit une grande rose semblable à celle du portail occidental. Une galerie formée de colon-

---

(1) Fleury. Antiq. et Monum. Tom III, pag. 226.

(2) Dans la cour du palais de Justice on voit, sous l'une de ces fenêtres, une porte et un escalier. C'est par là que l'Evêque entrait ordinairement dans la cathédrale.

nettes et d'archivoltes ornées de têtes saillantes et de feuillages, règne au-dessus de la rose et se termine de chaque côté, par un pinacle ou clocheton de grandes proportions et semblable à ceux qui se trouvent au-dessus des porches de la façade principale. Le mur triangulaire ou pignon, qui s'élève au-dessus de cette galerie, est décoré d'une niche couronnée d'une petite flèche. Cette niche abrite la statue d'un personnage qu'il est difficile de reconnaître.

Deux murs latéraux terminés en talus, prolongent à droite et à gauche la cloison du chevet et ferment les bas-côtés ; ils sont percés de deux fenêtres superposées, dont l'une éclaire la nef latérale, et l'autre la large galerie du triforium. Les contreforts qui, à chaque extrémité, soutiennent ces murs, sont couronnés de pinacles, dont les flèches un peu massives sont portées par quatre petites colonnes.

De chaque côté du chevet, on voit encore l'extrémité des chapelles latérales du chœur. Celle de droite est percée d'une fenêtre longue et étroite, divisée par un meneau et ornée d'un quatrefeuille. Un pinacle surmonte le contrefort de l'angle ; et l'on remarque, près de ce pinacle, un commencement de balustrade. La chapelle de gauche, plus grande que les autres, comme il a été dit plus haut (plan général, page 54), s'avance et dépasse un peu la ligne terminale du chevet.

CHAPITRE III.

Côté sud de la Cathédrale.

I. *La Nef.*

Pour visiter l'extérieur de la cathédrale, du côté du midi, il faut revenir sur ses pas jusqu'au grand portail et se placer d'abord un peu sur la droite de la tour méridionale. De là, on voit une partie de la plus grande et de la plus ancienne des chapelles latérales de la nef, celle dite des Fonts.

De cet endroit on se dirigera par la place du Parvis, vers la rue du Cloître, qui longe le côté méridional de l'église, et, en passant, on remarquera sur sa gauche *l'ancien Cloître,* qui de la chapelle des Fonts s'étend jusqu'au transept.

Bâti sur un plan rectangulaire, dont il occupe trois côtés, ce cloître appartient, selon toute apparence, aux premières années du XIIIe siècle.

Extérieurement, il ne présente qu'un mur massif, dont la partie supérieure est garnie de petits contreforts et se termine par une frise ornée d'enroulements. Les ouvertures carrées qu'on y voit, ont été percées après coup, quand on eut la malencontreuse idée de transformer une partie de ce cloître en habitation particulière.

A l'extrémité et au sommet du mur qui ferme le cloître du côté du transept, on voit sous un dais, la statue mutilée d'un *ange* aux ailes déployées au-dessus de la tête et tenant entre les mains un *cadran solaire*. L'attitude de cet ange, les plis de son vêtement indiquent qu'il est contemporain de l'édifice sur lequel il est placé. Le cadran est moderne et porte la date de 1782.

A l'intérieur, le cloître se compose d'une suite de travées voûtées en ogive et éclairées, du côté de la cour ou préau, par des arcades géminées au-dessus desquelles s'ouvrent des roses formées d'un quatrefeuille central entouré de seize oculi. Malheureusement presque toutes ces ouvertures sont murées.

Dans la cour du cloître s'élève la *salle capitulaire*. Comme elle n'offre, à l'extérieur, rien de remarquable, nous n'en parlerons qu'en faisant la description de l'intérieur de la cathédrale, avec laquelle elle communique par un petit couloir.

Ces diverses constructions ne permettent pas de voir, de la rue, les chapelles qui s'élèvent le long de la nef depuis le portail jusqu'au transept. Ces chapelles, d'ailleurs, ressemblent à celles qui leur font pendant du côté du nord.

Au-dessus de ces chapelles, le bas-côté et l'étage supérieur de la nef et du transept présentent aussi les mêmes dispositions et à peu près la même décoration que le côté septentrional correspondant.

II. *Le transept méridional.* — *Portail du sud.*

Après avoir tourné l'angle du cloître, on se trouve en face du portail qui termine le transept du midi.

Divisé en trois parties dans le sens de l'élévation, ce portail est, comme les deux autres, accompagné de deux tours, celle de gauche, haute et élégante, celle de droite, inachevée et ne dépassant point la crête des toits ; mais les remaniements considérables qu'il subit au XIVe siècle, ne lui ont rien ou presque rien laissé de sa forme et de sa décoration primitives.

Au rez-de-chaussée, il se compose de deux grandes portes juxtaposées. Les côtés ou ébrasements de ces portes sont ornés de colonnettes sur lesquelles s'appuient des voussures simples et deux frontons aigus, flanqués de pinacles en application.

La base de ces colonnettes, leurs chapiteaux couverts de feuillages délicatement fouillés ; les tympans découpés à jour et divisés en plusieurs compartiments, dont le principal, celui du milieu, affecte la forme d'une rose, dans laquelle sont inscrits des losanges ornés de quatrefeuilles ; les feuilles de chardon ou de chou sculptées sur les rampants des frontons, tout cela indique bien l'époque à laquelle on attribue cette partie de l'édifice.

Sur le pilier qui sépare les deux portes et dans le tympan de chaque fronton se trouvent des statues peu anciennes et sans valeur artistique. Elles représentent la Très Sainte Vierge, saint Remi, fondateur de l'évêché de Laon et saint Génebaud, son premier évêque. Ces statues sont abritées par des dais dont l'un, celui du milieu, est couronné d'un pinacle élancé ; les deux autres se composent d'une tenture ou draperie étendue au-dessus du saint par deux petits personnages.

Le second étage du portail est tout entier occupé par une *haute et large fenêtre rayonnante* divisée en trois lancettes d'inégale hauteur et une grande rose. Chacune des lancettes, portée par des meneaux pleins de hardiesse et d'élégance, est elle-même subdivisée par un autre meneau plus léger en deux jours ou baies terminées par des arcs trilobés. Au-dessus de ces arcs s'épanouissent des rosaces à cinq lobes, des quatre-feuilles, des trèfles et d'autres petits compartiments dont la forme fait prévoir l'apparition prochaine du style flamboyant. La grande rose, qui occupe toute la partie supérieure de la fenêtre, se compose d'un fleuron central entouré de compartiments allongés en forme de rayons et réunis en faisceaux au nombre de sept ; l'espace libre entre ces faisceaux est occupé par des trèfles et d'autres petites divisions. Une guirlande de feuilles élégamment disposées et travaillées avec art, couvre l'arc extérieur de cette fenêtre ; à la naissance et au sommet de cet arc apparaissent des figures d'animaux. De chaque côté de la fenêtre deux monstres servent de gargouilles.

Le troisième étage comprend une galerie élevée au-dessus d'une frise ornée d'une riche décoration végétale. Cette galerie se compose de neuf arcades dont les archivoltes sont couvertes d'un double rang de feuilles et de fleurons finement découpés.

La façade méridionale se termine, comme celle du nord, par une corniche horizontale garnie de feuillages sculptés.

A gauche du portail, s'élève la *tour de l'horloge*,

bâtie sur plan carré et soutenue à sa partie inférieure par de puissants contreforts. La base de cette tour est percée d'une porte encadrée de colonnettes et surmontée d'arcs en segment de cercle ornés de feuilles entablées et de fleurons. Au-dessus de ces arcs une petite statue de saint Béat, en costume de pèlerin, est abritée sous un dais, dont la partie supérieure est coupée par une arcade surbaissée, construite en cet endroit pour consolider la tour. Sous cette arcade le mur a conservé quelques traces d'anciennes peintures. Au-dessus s'ouvraient jadis deux baies à ogives trilobées, puis une fenêtre plus grande à archivolte ornée de feuilles. Ces trois ouvertures sont actuellement bouchées.

Plus haut, la tour s'isole du portail et le domine, et chacun de ses quatre côtés est percé de lancettes. Au-dessus de cet étage le plan se modifie ; de carré il devient octogonal et l'on voit, sur les faces et sur les contreforts, une série d'arcades et d'arcatures surmontées d'archivoltes et de larmiers fleuris. Derrière les arcades, une galerie avec passage sous les contreforts, permet de circuler entre le mur intérieur de la tour et la construction extérieure.

Le troisième étage de la tour est percé de huit longues ouvertures, dont quatre sont en partie masquées par les tourelles qui s'élèvent sur les angles ; les autres sont garnies de colonnettes, entourées d'une ligne de crosses végétales, et surmontées d'archivoltes ornées de têtes saillantes et de crochets. Les quatre tourelles qui flanquent cette partie de la tour, sont, comme celles du grand portail, divisées en deux étages, avec cette différence toutefois que l'étage inférieur, au lieu d'être carré, est octogonal et présente extérieurement cinq arcades ogivales, portées par de belles colonnes rondes et d'une seule pièce ; l'étage supérieur offre la même disposition et ils se terminent l'un et l'autre par une corniche ornée de crosses végétales ; une ornementation analogue s'épanouit sur tout le sommet de la tour.

Au-dessus et comme couronnement de toute la construction, s'élève une petite flèche en bois d'un caractère artistique plus que contestable ; elle renferme les trois cloches qui composent la sonnerie de l'horloge, et porte sur sa pointe un ange tenant une croix. On arrive au sommet de la tour par un escalier à jour, semblable à ceux du grand portail.

A la base de cette tour, du côté de l'ouest, et dans un endroit où elle est très peu en vue (1), se trouve *une rose très remarquable* et par la délicatesse de ses ornements et par leur conservation. Elle est composée de douze lobes qui devaient primitivement s'unir à un fleuron central aujourd'hui disparu ; plusieurs moulures circulaires, dont deux sont couvertes de riches guirlandes de feuilles et de fleurs en relief très délicatement travaillées, l'entourent et lui font un cadre des plus réussis.

La tour de l'horloge, qui est plus haute et plus

---

(1) Pour voir cette rose, il faut entrer dans un petit couloir, dont la porte se trouve auprès de celle de la salle capitulaire, à l'intérieur de l'église, au pied de la tour.

élancée que celles du grand portail, semble appartenir, par sa partie inférieure, à peu près à la même époque que le transept à l'extrémité duquel elle s'élève ; quelques modifications toutefois furent faites à plusieurs de ses ouvertures. Quant à la partie qui domine le portail, elle présente les caractères bien évidents d'une époque postérieure ; sa décoration, composée presque exclusivement de crochets ou crosses végétales, ses tourelles plus sveltes que celles des tours du grand portail, et plusieurs autres détails ne permettent guère de la faire remonter au-delà du premier tiers du XIIIe siècle.

Le *commencement de tour* qui accompagne, à droite, le portail du midi, est semblable à la partie inférieure de la tour de l'horloge et appartient à la même époque. On remarque cependant à son dernier étage des baies moins hautes que celles de l'étage correspondant de l'autre tour, et une corniche dont la décoration végétale est d'une époque moins ancienne. On a, d'ailleurs, constaté en cet endroit la présence de la pierre de Chermizy, ce qui indique, comme il a été dit plus haut (page 36), que cette partie de la construction est postérieure à 1205.

Ce commencement de tour était jadis terminé par une *flèche en bois*, dans laquelle était la sonnerie du chapitre dite « *l'ordinaire* ». Cette sonnerie composée de cinq ou six cloches subsista jusqu'à la révolution.

A partir de cet endroit, ce qui nous reste à décrire de la cathédrale (1), caché par un pâté de maisons

---

(1) Tout un côté du transept et du chœur.

particulières, est inaccessible aux visiteurs (1). C'est, d'ailleurs, à peu de chose près, comme plan et comme ensemble, la reproduction de ce que l'on voit du côté du nord. Je me bornerai à signaler, pour le transept, la particularité suivante : La chapelle qui se termine en abside, est flanquée d'une haute *tourelle* surmontée d'une flèche en pierre et renfermant un escalier dans lequel on voit encore deux portes garnies de leurs antiques ferrures (2).

III. — *Le chœur*.

Les chapelles latérales du chœur sont au nombre de cinq. Les quatre premières, à partir de la sacristie (construite dans l'angle formé par la rencontre du chœur et du transept), semblent appartenir à la même époque que le portail du midi. Leurs contreforts sont de simples pilastres carrés, peu saillants, sans ressauts et ornés d'une colonnette sur les angles. Les gargouilles, qui se trouvent vers le sommet de ces contreforts, sont de simples conduits en pierre, supportés par de petites figures d'hommes. Au-dessus de ces gargouilles, le contrefort, qui devait sans doute se terminer par un pinacle, est coupé par un toit que la

---

(1) La mesure qui a eu pour résultat d'isoler le côté nord de la nef, sera, dans un avenir prochain, nous l'espèrons, appliquée à cette partie de l'église et la débarrassera de toutes les constructions hétéroclites qui déshonorent ses murs.

(2) Pour la date de la construction de cette chapelle et de la tourelle, voir plus haut, page 36.

restauration, nous n'en doutons pas, fera bientôt disparaître. La partie inférieure du mur de ces chapelles est ornée d'arcatures. Les fenêtres sont larges et divisées. par deux meneaux en trois compartiments surmontés de deux trèfles et d'une rosace, disposition qui rappelle en petit les principales divisions de la grande fenêtre du portail méridional. Seule la fenêtre de la première chapelle ne présente plus aujourd'hui qu'une large baie dépouillée de ses ornements.

La dernière chapelle, celle qui touche au chevet, semble extérieurement former un petit édifice à part. Elle est plus large et plus longue que les autres ; elle est aussi plus ancienne et, bien qu'elle ait subi quelques remaniements, elle remonte, en grande partie, à l'époque du prolongement du chœur. Ses contreforts sont à ressauts, et des deux fenêtres qui l'éclairent, la plus grande offre des caractères de la fin du XIIIe ou du commencement du XIVe siècle ; la plus petite est une simple lancette sans division.

A l'étage supérieur du chœur, quelques-unes des figures d'hommes qui soutiennent la corniche terminale, ont des attitudes curieuses et un peu forcées ; les rinceaux qui forment en majeure partie la décoration des frises, sont très délicatement travaillés.

Le chœur et le transept sont encore aujourd'hui chargés de leur antique charpente en bois.

Après avoir jeté un dernier regard sur le majestueux ensemble de l'extérieur de la cathédrale, contemplé encore une fois ses belles tours, ses ornements si nombreux et si variés, pénétrons dans l'intérieur.

II. — INTÉRIEUR.

Aspect général.

On pénètre généralement dans la cathédrale par le portail du midi ; mais si l'on veut, dès le premier instant, jouir d'un coup d'œil vraiment incomparable, il faut entrer par la petite porte, qui s'ouvre sur le côté gauche de la façade principale, et se placer au bas de la nef.

De là, le regard embrasse tout l'édifice, se promène avec délices et étonnement au milieu d'une véritable forêt de colonnes, s'enfonce et se perd sous une multitude d'arcades et dans de profondes et interminables galeries En face de ce vaisseau éclairé par trois grandes et magnifiques roses, par plus de cent cinquante fenêtres, orné de milliers de colonnes et de chapiteaux de toutes formes et de toutes dimensions ; en face de ces nefs que la multiplicité et l'heureuse disposition des lignes font paraître beaucoup plus vastes qu'elles ne sont en réalité ; devant cet ensemble plein de régularité, d'harmonie et de grandeur, l'âme éprouve des impressions indéfinissables, elle est émue, saisie et comme transportée dans un autre monde.

L'effet toutefois sera plus grand encore, plus complet et l'émotion plus profonde, si, prenant l'escalier ménagé dans la tour de droite, on monte à la tribune adossée au grand portail, ou si l'on se place sur la galerie qui domine les trois grandes lancettes du chevet. Mais quel dommage que la disparition du plus grand nombre des antiques verrières ait fait perdre à la cathédrale cette lumière discrète et voilée qui donne un caractère si religieux à l'intérieur des édifices sacrés, cette demi-obscurité mystérieuse si favorable au recueillement et à la méditation !

L'édifice est divisé dans sa longueur en trois parties : la nef, le transept et le chœur ; dans sa largeur en trois nefs : celle du milieu et les deux collatérales ; dans sa hauteur en trois étages : les grandes arcades ou étage inférieur, le triforium composé de larges tribunes surmontées d'une petite galerie, et le clerestory ou étage supérieur.

CHAPITRE I.

La Nef.

I. — *Allée centrale.*

La nef est divisée en douze travées dont chacune se compose, au rez-de-chaussée, d'un arc ogival soutenu par de grosses colonnes rondes. Les bases de ces

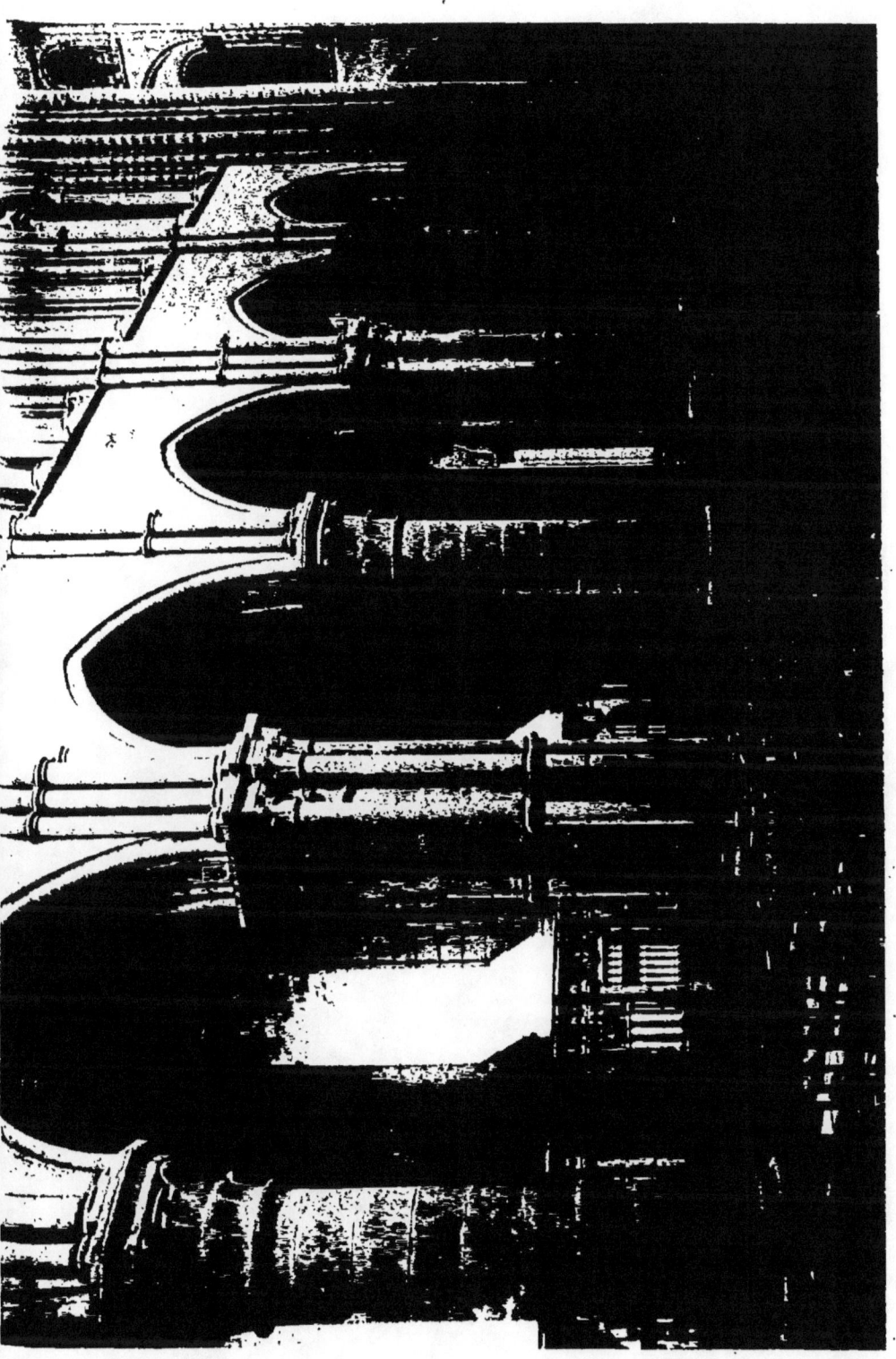

colonnes sont alternativement carrées ou octogonales ; les carrées sont garnies à leurs angles de feuilles recourbées ou pattes. Les chapiteaux, surmontés de tailloirs ou abaques, tantôt carrés, tantôt à huit pans, selon que la base est ou quadrangulaire ou octogonale, sont décorés d'une façon très simple, mais variée ; ce sont généralement deux, trois et même quatre rangs de petites feuilles plates, avec ou sans nervures et dont l'extrémité se recourbe le plus souvent en crochet.

Sur l'abaque de ces chapiteaux, repose un faisceau composé alternativement de trois ou de cinq colonnettes qui s'élancent jusqu'au clair-étage pour recevoir les nervures de la voûte. Ces colonnettes, séparées les unes des autres et réunies seulement de distance en distance par des anneaux, sont d'une hardiesse étonnante et d'une merveilleuse élégance ; on ne se lasse pas de les contempler, de les admirer et l'on éprouve une ineffable jouissance à les suivre dans leur audacieuse ascension.

Bien que, de prime-abord, la plus parfaite unité paraisse régner dans toute la nef, on ne tarde pas cependant à constater que les cinq travées les plus rapprochées du transept ne sont pas, au moins à l'étage inférieur, exactement semblables au sept premières. Quatre des colonnes qui soutiennent les grandes arcades, la septième et la neuvième de chaque côté, sont cantonnées de cinq colonnettes annelées dont quatre s'élèvent des angles de la base aux angles du tailloir ; la cinquième est placée un peu en saillie sur le milieu du côté qui regarde l'allée principale.

Quel motif fit adopter cette disposition, qu'on ne rencontre nulle part ailleurs dans la cathédrale ? Le voici selon toute probabilité. L'architecte chargé de poursuivre l'œuvre commencée et de transformer en nef ogivale l'antique vaisseau roman, éleva en premier lieu les travées les plus voisines du transept ; mais il voulut, dans cette partie de l'édifice, éviter le défaut qu'il avait remarqué dans les faisceaux de colonnettes qui soutiennent les voûtes du transept et des trois premières travées du chœur, défaut qui consiste, nous l'avons vu (page 33), en ce que la partie supérieure des colonnettes destinées à recevoir l'arc formeret, n'est pas sur la même ligne que la partie inférieure, mais se trouve rejetée un peu sur le côté. Pour corriger ce défaut, cette disposition désagréable à l'œil, il fallait séparer les colonnettes les unes des autres. L'architecte le fit ; mais, dans la crainte, sans doute, de trop surcharger les angles des abaques sur lesquels reposerait désormais un poids considérable, et pour les empêcher de faiblir, il éleva les colonnettes en question autour de la colonne principale.

Quelques-uns pensent que cette addition de colonnettes produit le meilleur effet ; d'autres trouvent, au contraire, qu'elle enlève de la légèreté et de la grâce à la construction. Cette dernière opinion paraît avoir été celle de l'architecte lui-même ou du moins celle de ses successeurs dans la direction des travaux, puisque, à partir de la sixième travée, le système est abandonné et le faisceau de colonnettes tout entier repose hardiment sur le seul chapiteau. Quoi qu'il en soit, personne ne contestera à ces piliers un caractère tout particulier et d'une grande originalité.

On remarque encore dans la nef une autre différence : les arcades du rez-de-chaussée ne sont pas exactement de la même hauteur ; les cinq plus rapprochées du transept sont un peu moins élevées que les autres.

II. — *Les collatéraux*.

Les *collatéraux* ou *bas-côtés* qui accompagnent la nef principale, sont relativement étroits et peu élevés. Leurs voûtes s'appuient d'une part sur le chapiteau des grosses colonnes, de l'autre sur des piliers ornés de faisceaux de colonnes d'un diamètre plus ou moins grand selon l'importance des arcs qu'elles soutiennent.

Primitivement dans toute l'église, les murs de ces collatéraux étaient ornés, à la partie inférieure de chaque travée, de deux arcatures ogivales au-dessus desquelles s'ouvrait une fenêtre accompagnée de part et d'autre de colonnettes annelées. Cette disposition très simple, mais très harmonieuse et qui devait produire le meilleur effet, a disparu dans presque tout l'édifice ; une grande ouverture ogivale percée au moment de la construction des chapelles (fin XIIIe siècle et XIVe), l'a remplacée. Elle existe cependant encore dans les premières travées de la nef, dans le transept, dans quelques parties du chœur. On pourrait même dire aujourd'hui qu'on la retrouve, en grande partie du moins, dans toute la nef, car l'architecte restaurateur, s'inspirant du plan primitif, l'a reproduite autant que le permettait la nécessité de ménager une ouverture entre les chapelles et les collatéraux.

Dans toute cette partie de l'édifice, les bases des colonnes sont carrées et presque toutes sans pattes ou griffes, les chapiteaux généralement simples, mais de forme élégante, les tailloirs carrés, et les clefs de voûte ornées de petits fleurons très variés.

Une disposition désagréable à l'œil se remarque dans les voûtes des bas-côtés. Le point d'intersection des arcs diagonaux (clefs de voûte) et le sommet des arcs doubleaux se trouvent sur deux lignes différentes, ce qui fait paraître les allées latérales comme disposées en zig-zag. Ce vice provient de ce que, du côté de la nef, les arcs des voûtes reposent sur la même ligne, tandis que, de l'autre côté, ils s'appuient sur des colonnes placées sur des plans différents (l'arc doubleau, sur la colonne qui est le plus en saillie, les croisées d'ogives, sur des colonnes placées sensiblement en arrière).

On remarque encore que dans les cinq dernières travées (les plus rapprochées du transept), les clefs de voûte sont plus élevées que le sommet des arcs doubleaux, ce qui forme au-dessus de chaque travée une espèce de petit dôme ou plutôt une voûte d'arête en manière de dôme, que quelques auteurs appellent voûte dômicale. Cette disposition indiquerait, comme il a été dit précédemment (page 34), que cette partie des bas-côtés est un peu plus ancienne que les sept travées les plus rapprochées du portail, dans lesquelles les sommets de tous les arcs sont au même niveau.

Un cordon termine et couronne le rez-de-chaussée de la nef.

III. — *Le Triforium.*

Au-dessus des bas-côtés s'étendent les *deux galeries* superposées du *triforium*.

La première, vaste et de même largeur que les bas-

côtés, est éclairée du côté extérieur par des fenêtres ogivales sans ornements, et du côté de la nef par des arcades géminées (1) reposant sur des colonnettes monolithes d'une grande élégance. Un arc tracé en ogive et appuyé aussi sur des colonnettes, encadre chaque baie ou arcade géminée, et forme au-dessus d'elle un tympan sans ouverture et sans ornement. Un cordon horizontal couronne le tout. Cette large galerie ou tribune est voûtée comme les nefs qu'elle surmonte, avec cette différence, toutefois, que tous les points d'intersection des nervures sont ici sur une même ligne droite.

Ce qui a été dit un peu plus haut des bases, des chapiteaux et des clefs de voûte des nefs latérales s'applique à cette partie de l'édifice et aux innombrables colonnettes, qui décorent les massifs sur lesquels elle s'appuie.

La galerie supérieure du triforium est formée de trois petites arcades en ogive reposant sur des colonnettes peu élancées. Elle se termine aussi par un cordon. Le mur extérieur n'est percé d'aucune ouverture.

IV. — *Clérestory* ou *étage supérieur et voûtes*.

L'étage supérieur ou *clérestory*, se compose de fenêtres dont l'ébrasement, simplement chanfreiné, est encadré par un arc en ogive appuyé sur des colonnettes.

---

(1) On remarquera une fois pour toutes que toutes les arcades et arcatures de la cathédrale sont ornées d'un tore ou boudin à la partie antérieure.

Des chapiteaux, qui s'épanouissent au sommet des faisceaux de colonnettes, s'élancent les nervures de la *voûte principale*. Formées d'un bandeau garni d'un tore dans les arcs diagonaux et de deux dans les arcs doubleaux, ces nervures aboutissent à des clefs de voûtes ornées d'une magnifique couronne de feuillage ; mais, au lieu de se réunir et de se croiser deux par deux, comme on le voit d'ordinaire, elles se réunissent et se croisent trois par trois de manière à former un faisceau de six au point d'intersection. Il en résulte qu'au lieu d'une clef de voûte pour chaque travée, il n'y en a qu'une pour deux travées.

Cette disposition qui diminue notablement le nombre des arcs destinés à soutenir les voûtes, est très hardie et prouve de la part de l'architecte une grand habileté et une étude approfondie des lois de l'équilibre ; mais, précisément à cause du nombre restreint des nervures et de l'espace relativement considérable qui s'étend entre elles, il semble que cette partie de l'édifice ne s'harmonise pas aussi parfaitement qu'on le désirerait avec le reste, qui est tout sillonné d'une infinité de lignes horizontales et de verticales. Dans le transept, où chaque travée a sa clef de voûte et où, par conséquent, les arcs sont plus nombreux, l'effet est meilleur, le coup d'œil plus agréable.

V. — *Partie intérieure du grand portail.*

Jetons maintenant un regard en arrière sur la *partie intérieure du grand portail*. Elle comprend d'abord une large tribune (1) qui occupe toute la première travée de la nef et s'appuie, d'une part, sur l'ancienne tribune des orgues, qui a été conservée avec ses quatre élégantes colonnes, et de l'autre, en avant, sur une large arcade dessinée en segment de cercle. Elevée au moment de la restauration de la façade, pour consolider la base des tours, cette arcade, nous sommes forcés de l'avouer, est d'un effet absolument disgracieux. N'aurait-on pu, puisqu'il était nécessaire de la construire, lui donner une autre forme, plus en harmonie avec les ogives qui l'avoisinent ?

Au fond de cette tribune, règne une galerie composée de cinq arcades, dont deux sont éclairées par des fenêtres et deux par des oculi.

Au-dessus de cette galerie s'ouvre la *grande rose* divisée en un fleuron central et vingt-quatre compartiments disposés sur deux rangs. Les vitraux qui la décorent, contiennent quelques fragments de l'ancienne verrière du XIIIe siècle ; le reste est l'œuvre de M. Didron, remarquable peintre verrier de notre temps.

Le sujet représenté est, conformément aux règles du symbolisme du Moyen-Age, le *Dernier jour du monde, la Résurrection et le Jugement général*. L'occident, côté de l'horizon où le soleil disparait et la lumière s'obscurcit, rappelle naturellement l'idée de terme, de fin, et convient dès lors parfaitement aux scènes de la consommation des siècles.

Au centre de la rose, Jésus-Christ, Souverain Juge,

---

(1) La tribune où étaient jadis les grandes orgues et où elles seront replacées après la restauration de la cathédrale.

assis sur l'arc-en-ciel (1) et les bras étendus, fait voir aux hommes les plaies de ses mains, de ses pieds et de son côté. Des flammes s'échappent de ces blessures pour symboliser l'immense charité du Sauveur et rappeler que c'est par amour pour nous qu'il a voulu souffrir et mourir.

A la droite de Notre-Seigneur, la Très-Sainte Vierge est à genoux et les mains jointes, dans l'attitude de la prière ; à gauche, saint Jean l'évangéliste, que l'on reconnait à son visage imberbe, est également agenouillé et suppliant. Au-dessus et au-dessous de Jésus-Christ, deux anges fléchissent le genou et semblent implorer aussi la divine Miséricorde.

Dans les douze médaillons qui entourent le fleuron central, sont représentés : dans le haut, cinq anges ; celui du milieu, au-dessus de Notre-Seigneur, sonne de la trompette ; ceux qui se trouvent à sa droite, portent, l'un la croix, l'autre les trois clous ; ceux de gauche tiennent, le premier la lance, le second la couronne d'épines. Sur les sept médaillons inférieurs sont peints dans des attitudes diverses des hommes ressuscitant et sortant de leurs tombeaux.

Les douze compartiments qui forment le second cercle de la rose, sont divisés chacun en deux médaillons et renferment vingt-quatre personnages. Ce

---

(1) « Christus Judex pingitur insidere iridi. — Richardus Victorinus per iridem quæ speciem habet arcûs,.... putat significari judicium universale in quo smaragdus qui partim viret, partim rubet, indicat bonos præmiandos, malos puniendos esse ». (Cornel. à Lapid., tom. XXI, Apocalypse, pag. 96).

sont les apôtres et les martyrs. Dans le médaillon du haut, c'est-à-dire à la première place (à gauche par rapport au spectateur, mais à droite par rapport à Jésus-Christ), se trouve saint Pierre, puis viennent saint Jacques le Mineur, saint Mathias, saint André, saint Thomas et saint Barthélemi. De l'autre côté (à la droite du spectateur), la première place est occupée par saint Paul ; viennent ensuite saint Jean, saint Philippe, saint Barnabé, saint Jacques le Majeur et saint Simon. Sous les apôtres, ce sont les martyrs. En allant de gauche à droite, le premier que l'on rencontre est saint Étienne, puis saint Denis, saint Laurent, saint Gervais, saint Protais (1), saint Cyprien, saint Vincent, diacre, saint Maurice, saint Clément, pape, saint Eustache, saint Polycarpe, saint Georges. Tous sont assis conformément à cette parole de l'Évangile : « Lorsque le Fils de l'Homme sera assis sur le trône « de sa gloire, vous serez aussi assis sur douze trônes et « vous jugerez les douze tribus d'Israël. » Tous également tiennent ou les instruments de leur supplice ou des livres ou des palmes (2). Une inscription,

---

(1) Ces deux saints sont les patrons du diocèse de Soissons et Laon.

(2) Saint Pierre tient la croix renversée ; saint Jacques le Mineur, une massue ou bâton de foulon ; Saint Mathias, une lance ; saint André, une croix ; saint Thomas, un livre ; saint Barthélemi, une espèce de couteau ; saint Paul, un glaive ; saint Jean, une petite cuve ; saint Philippe, un glaive ; saint Barnabé, un livre ; saint Jacques le Majeur, un glaive ; saint Simon, un livre ; saint Étienne, des pierres ; saint Denis, une palme ; saint Laurent, un gril ; saint Gervais, saint Protais et saint Cyprien, une palme ; saint Vincent, un gril ; saint Maurice, saint Clément, saint Eustache, saint Polycarpe et saint Georges, une palme.

tracée sur le fond du médaillon, fait connaître le nom de chacun d'eux.

L'effet produit par cette verrière presque complètement moderne n'est pas, sans doute, comparable à celui des vitraux du XIIIe siècle, qui ornent la rose du chevet, surtout lorsqu'un rayon de soleil vient les frapper ; mais on constate avec satisfaction que le peintre verrier du XIXe siècle s'est rapproché, autant que possible, des procédés du Moyen-Age, et son œuvre, sous le rapport du dessin, du ton et de l'assemblage des couleurs, forme un ensemble harmonieux et s'accordant parfaitement avec la décoration de l'église.

Au-dessus de cette rose, au sommet de la voûte, il y avait autrefois une large ouverture, ménagée pour le passage des cloches, lorsque celles-ci se trouvaient dans le beffroi construit entre les deux tours (1). Cette ouverture a conservé à l'intérieur sa décoration composée d'une large couronne de feuilles sculptées et de culs-de-lampe ou pendentifs figurant des anges et d'autres personnages ; elle est fermée par une trappe en bois sur laquelle est représenté le Père Eternel entouré de nuages.

On remarque sur le côté de la grande rose, à mi-hauteur des colonnettes qui soutiennent la voûte de la tour méridionale, trois anges sculptés portant une

---

(1) Les cloches étant placées aujourd'hui dans la tour septentrionale de la grande façade, les ouvertures destinées à leur livrer passage, sont pratiquées dans les voûtes de cette tour.

inscription qui rappelle le commencement de la restauration de la cathédrale : « Reprise en sous-œuvre des tours en 1853. »

VI. — *Les Chapelles de la Nef.*

1. Historique.

La cathédrale ne renfermait primitivement qu'un petit nombre d'autels ; mais au XIIIe et au XIVe siècle, les pieuses dotations d'offices, les fondations en faveur des vivants et des morts s'étant multipliées, il fallut imposer au plan primitif de l'église de sensibles modifications. Tout le long des bas-côtés de la nef et du chœur, les murs extérieurs furent abattus pour livrer accès à de nombreuses chapelles qu'on éleva entre les contreforts.

Ce serait ici le lieu de dire les origines de ces chapelles, l'époque exacte de leur construction, les noms de leurs fondateurs, les titulaires de chacune d'elles, etc., etc..... ; mais le cadre restreint de cette étude ne permet guère d'entrer dans tant de détails ; d'ailleurs, les documents historiques recueillis jusqu'à présent, ne suffisent pas pour donner un travail complet sur cette matière. Je me bornerai donc à rappeler d'une manière générale que ces chapelles furent fondées par des ecclésiastiques et des laïcs désireux de s'assurer après leur mort les suffrages de l'Eglise. De vieux manuscrits nous ont conservé les noms de quelques-uns de ces pieux fondateurs.

C'est Herbert d'Anizy, prêtre et chanoine de la cathédrale (1181); Blihard, chanoine et chantre; Bertrand, chanoine (1185); Mathieu Sothus; Jean Pions, coûtre (1) de l'église, et sa femme Mathilde (1220); Mélissende, dame de Saint-Aubert (1205); J. Flamens, bourgeois de Laon (1370); Raoul de Nogent, etc.

Chacune de ces chapelles avait son vocable particulier; mais au cours des siècles, le nombre des fondations s'étant accru, on fut obligé de célébrer dans la même chapelle des offices en l'honneur de plusieurs saints ou de plusieurs mystères de Notre-Seigneur et de la Sainte-Vierge. Les documents recueillis jusqu'à ce jour, nous ont fait connaître un bon nombre de ces offices fondés, mais ne nous ont indiqué au juste ni l'emplacement, ni le vocable particulier de la chapelle dans laquelle ils étaient célébrés. Tout ce que nous savons, c'est que du côté droit, à partir du chevet, il y avait les chapelles et offices fondés des saints Côme et Damien, de saint Thomas, de saint Pierre et de saint Paul, des saints Côme et Damien (autre que celle indiquée précédemment), de sainte Marie l'Égyptienne, de saint Fiacre, de saint Vincent, de saint André, de sainte Elisabeth, de sainte Géneviève, de saint Quentin, de saint Léonard, de saint Jean-Baptiste, de saint Blaise, de saint Nicolas, de sainte Marie-Madeleine, de saint Jean-Baptiste de la tour.

Du côté gauche, il y avait les chapelles et offices

---

(1) Gardien. — custos.

de sainte Anne, de saint Jacques, de saint Génebaud, de saint Barthélemi, de sainte Marguerite, de saint Hippolyte, de sainte Agnès, de saint Paul, de saint Nicaise, de saint Laurent, de saint Éloi, de tous les Saints, de la Décollation de saint Jean-Baptiste, de saint Montain, de saint Martin, de saint Étienne, de saint Leu et saint Gilles, de sainte Catherine et saint Jacques.

Il y avait encore les chapelles ou autels de la Résurrection (dans la nef), de la Passion, de la Croix, de l'Ecce Homo, du Saint-Sépulcre, de l'Image de la Sainte-Vierge (à droite du jubé), de la Conception de la Sainte-Vierge, de saint Michel, de saint Jean l'Évangéliste, de saint Sébastien, de saint Jacques le Majeur, de saint Maurice, des saints Maur et Onuphre, de saint Antoine, de saint Germain, de saint Sulpice (1).

Des chapelains au nombre de cinquante-six étaient chargés du service religieux de ces chapelles; ils y célébraient les messes et les offices fixés pas les fondateurs (2).

---

(1) Manuscrits de la Biblioth. de la Ville de Laon, numéros 221 et 223. — Actes des délibérations du Chapitre de Notre-Dame de Laon. — Martyrologe de Notre-Dame de Laon, page 149. — Cartulaire de Jacques de Troyes, pages 283 et 349. — Pierre tombale de la cathédrale. — Notes diverses communiquées par M. l'archiprêtre Baton.

(2) Les chapelains, qui étaient au nombre de cinquante-six, dit Fleury, formaient une corporation placée sous l'invocation de la Madeleine, parce qu'ils tenaient leurs réunions dans la chapelle de ce nom; ils étaient présidés par un doyen qu'ils nommaient entre eux et qui dépendait du chapitre. En 1167, celui-ci leur avait donné un règlement. Alors ils chantaient

2. Caractères généraux.

Toutes ces chapelles, excepté la première sur le côté méridional de la nef et la dernière sur le même côté du chœur, ont à peu près les mêmes dimensions. Elles s'ouvrent sur le collatéral par une haute et large arcade pratiquée entre les piliers. Elles sont éclairées par des fenêtres divisées par un ou deux meneaux et ornées de rosaces ; sous ces fenêtres, une double arcature trilobée dissimule le nu de la muraille. Toutes sont voûtées et leurs nervures reposent, du côté des fenêtres, sur des colonnettes engagées, du côté des collatéraux, sur des culs-de-lampe décorés de feuillages divers et de figures d'hommes, d'oiseaux, d'animaux et d'êtres plus ou moins imaginaires. Toutes enfin sont séparées des nefs par des balustrades ou *devantures* en pierre, dont le caractère médiocrement religieux et
« le style un peu tourmenté jurent, sans doute, sur
« le style sévère du monument ; mais qui n'en sont
« pas moins, dit Fleury, de gracieux chefs-d'œuvre
« d'invention et de décor » (1).

---

au chœur, six par six et à tour de rôle. Chaque manquement aux offices était puni d'une amende. Ils ne pouvaient s'absenter plus d'un mois sans permission. En 1377, ils obtinrent du Roi la permission d'avoir un sceau et de se faire représenter par des procureurs dans les discussions avec le chapitre.... Il y avait des chapelains prêtres et des chapelains minorés. D'après le *Ritus Ecclesiæ Laudunensis redivivi*, les premiers se tenaient dans le chœur auprès de la porte *spécieuse* tournés vers l'autel et les seconds avec les chanoines mineurs, aussi à gauche du chœur, la face tournée au midi. » (Cinquante ans de l'Histoire du Chapitre de Notre-Dame de Laon, page 133.).

(1) Cinquante ans de l'Histoire du Chapitre de Notre-Dame de Laon, page 222.

Ces *devantures* ou façades sont au nombre de vingt-huit, et, bien qu'elles appartiennent à peu près toutes à un style commun, qui offre les principaux caractères du dorique, elles diffèrent cependant entre elles d'une façon très sensible dans les détails de l'ornementation.

Chacune d'elles forme un véritable portique large de trois mètres cinquante centimètres environ, haut de deux mètres cinquante centimètres à trois mètres et dont voici la disposition générale :

Au centre, une porte tantôt à plein-cintre, tantôt carrée ; de chaque côté de cette porte, deux piédestaux élevés et séparés par un mur. Des cartouches ou écussons, sculptés en demi-reliefs et portant jadis des armoiries ou des chiffres, décorent cette partie inférieure du portique. Sur les piédestaux s'élèvent des colonnes au fût cannelé, au chapiteau orné d'oves, et dans l'espace compris entre ces colonnes, une sorte de claire-voie composée d'autres colonnes plus petites et de découpures aux formes les plus variées et les plus gracieuses. On y voit, dit Fleury, « des cintres finement découpés, des cadres fouillés merveilleusement, de petits portiques s'entassant les uns sur les autres, des motifs linéaires de fruits, de feuillage, de fleurs mêlés à des masques d'hommes et de femmes, à de petites cariatides, à des anges ou plutôt à des amours, car à cette époque, les anges chrétiens ressemblent toujours à des amours de l'empyrée païen et mythologique, le tout dans des dentelles, dans des guipures, dans des ciselures variées à l'infini » (1).

(1) Cinquante ans de l'Histoire du Chapitre de Notre-Dame de Laon, page 224.

Au-dessus de la porte de ces devantures se trouve ou un tympan triangulaire, ou un cartouche porté par de petites figures à la pose abandonnée et gracieuse, ou un médaillon ovale entouré de fleurs et de feuillages. Malheureusement ces sculptures, surtout les chiffres et les armoiries, ont été brisées, grattées ou mutilées d'une façon insensée et stupide au temps de la Révolution.

La construction se termine par un entablement composé, selon les règles de l'ordre dorique, d'une architrave à double plate-bande, d'une frise ornée de triglyphes et d'une corniche fortement en saillie.

Sur presque tous ces portiques, dans les endroits où l'affreuse couche de badigeon a disparu, on remarque des traces de peinture et de dorure.

Toutes les portes de ces chapelles sont en bois de chêne, de la même époque et du même style que les devantures. Elles se composent de deux parties : la partie inférieure, pleine et divisée en petits panneaux plus ou moins ornés ; la partie supérieure, percée à jour et formée de fuseaux disposés sur deux rangs.

3. Détail des chapelles.

Parcourons maintenant ces diverses chapelles en commençant par celles qui se trouvent au midi et notons ce que chacune a de particulier et d'intéressant.

A. Chapelles du côté méridional de la nef.

1. *La première* qui s'offre à nos regards, est la *chapelle* dite *des Fonts*. Elle s'ouvre sur le bas-côté, près du grand portail, par deux larges et hautes arcades, et

forme à elle seule un petit monument qu'on attribue à la fin du XIIᵉ siècle ou au commencement du XIIIᵉ. De toutes les annexes de la cathédrale, c'est la plus vaste et l'une des plus remarquables. Deux portiques ou devantures la séparent de la nef latérale. Ces devantures sont un peu plus hautes que les autres; leur style est assez mélangé; le dorique et l'ionique y dominent; mais l'entablement, au lieu de reposer sur quatre colonnes comme dans les autres portiques, s'appuie sur des pilastres.

Comme je l'ai indiqué en parlant du plan de la cathédrale, cette chapelle est divisée en trois nefs de deux travées chacune; une troisième travée ajoutée à la nef du milieu, du côté de l'est, forme un petit sanctuaire. De nombreuses ouvertures y répandent la lumière; le petit chevet carré est, à lui seul, éclairé par trois lancettes percées dans le mur du fond et par deux fenêtres géminées ouvertes sur les côtés. Les voûtes sont de la même hauteur que celles des bas-côtés et leurs arceaux reposent sur des colonnes isolées et sur des piliers cantonnés de colonnettes.

C'est dans ce petit monument ou plutôt dans la première travée de l'ancien cloître qui lui est annexée, que se trouve *la plus grande des deux cuves baptismales*, que possède l'église Notre-Dame. Cette cuve ou font se compose d'un réservoir taillé dans un bloc de schiste ardoisier dont la partie supérieure est carrée et ornée d'une frise couverte de petites arcatures cintrées, tandis que la partie inférieure est arrondie et n'a d'autre décoration que quatre grandes feuilles qui s'allongent pour soutenir les angles de la partie supérieure. Ce réservoir s'appuie sur un fût cylindrique très court reposant lui-même sur une base circulaire ornée de feuilles et de dessins profondément fouillés. Ce fût et cette base sont en pierre blanche; ils portent des traces de peinture et paraissent postérieurs au calice, dont la forme et les ornements semblent indiquer au moins le commencement du XIIe siècle. Voici les principales dimensions de ce font baptismal: Hauteur, 0^m 96; longueur de chaque face de la frise, 1^m 10; diamètre de la base, 0^m 95; diamètre du réservoir à l'intérieur, 0^m 82.

On s'est demandé et l'on se demande encore quel fut, au juste, la destination de cette grande annexe de l'église, que nous venons de décrire. Fut-elle vraiment le baptistère de la cathédrale ou une simple chapelle? Les avis sont partagés. Ceux qui la considèrent comme une simple chapelle, disent que « les fonts n'y ont été placés que depuis la Révolution » (1). Ceux qui en font un baptistère, allèguent, comme preuve de leur assertion, la place qu'elle occupe à l'entrée de l'édifice et sa disposition intérieure, laquelle se prêtait parfaitement aux cérémonies qui accompagnaient l'administration solennelle du baptême par l'Evêque, la veille des grandes fêtes.

On voyait, il y a quelques semaines encore, sur le pavé de cette chapelle plusieurs pierres tombales, entre autres la plus ancienne de celles que possède la cathé-

---

(1) Melleville, Hist. de Laon, tom. I, pag. 117.

drale. Cette dalle, qui bientôt probablement sera replacée dans l'intérieur de l'église, est entourée de l'inscription suivante :

✝ HIC : IACET : MAGISTER : HUN-GERUS : CANONICUS : LAUD : ORA-TE : P : EO : OBIIT : ANNO : DOMINI : M· C· C : SEXAGESIMO : PRIMO : MENSE : NOVEMBRI :

« *Hic jacet magister Hungerus canonicus Laud(unensis). orate p(ro) eo. Obiit anno Domini M C C sexagesimo primo (1261) mense novembri.* » Sur le milieu de la pierre on voit une grande croix gravée, et, au pied de cette croix, la date de 1785, qui est probablement celle de l'inhumation d'un autre défunt dans le même tombeau.

2. *La deuxième chapelle* est séparée de la précédente par une travée du collatéral. Elle appartient, ainsi que toutes celles qui se trouvent du même côté de la nef à la fin du XIIIe siècle ou au XIVe. Sur la devanture on lit la date de 1575, qui est celle de la construction non de la chapelle, mais de la devanture. A l'intérieur, au-dessus des arcatures trilobées qui ornent le mur, on remarque des sculptures mutilées représentant des anges ; celui du milieu tient une couronne brisée.

3e Chapelle. Sa devanture porte la date de 1575. Les sujets sculptés au-dessus des arcatures viennent d'être restaurés. Ils représentent des anges ; celui du milieu tient un volumen déployé ; celui de droite, une couronne d'épines; celui de gauche, les trois clous. Ces objets sembleraient indiquer que cette chapelle était dédiée à la Passion de Notre-Seigneur.

4ᵉ Chapelle. Sur la devanture, au-dessus des colonnes formant la claire-voie, on distingue des arbres, des fleurs et des oiseaux délicatement sculptés ; d'autres petits oiseaux, peints entre les triglyphes, décorent la frise. Les sculptures de l'intérieur de la chapelle représentent, au milieu, un personnage paraissant sortir d'une église et présenter quelque chose à un autre, assis en face de lui et tenant un livre. A droite, un troisième personnage, en costume de pèlerin ou de voyageur, s'avance appuyé sur une béquille ; à gauche un ange se tient les mains jointes.

On voit, dans cette chapelle, dressées contre le mur, trois des innombrables pierres tombales qui jonchaient jadis le sol de la cathédrale. Elles ont été relevées, ainsi que toutes celles dont nous aurons bientôt l'occasion de parler, dans le but très louable de les soustraire à la destruction et de conserver quelques spécimens au moins de l'art si intéressant du tombier dans les siècles passés.

La plus grande de ces trois dalles tumulaires représente un portique style Renaissance, sous lequel est abrité un prêtre en habits sacerdotaux. L'inscription, gravée autour de la pierre, est ainsi conçue : « *Cy gist Vénérable et discrète personne Maistre Robert . . . . en son vivant prebtre et chanoine. . . . . jour du mois de Janvier l'an 1542. Priez Dieu pour son âme. .* »

Les deux autres pierres sont plus petites et portent la date, l'une de 1507, l'autre de 1540.

5ᵉ *Chapelle.* Sur les fûts des colonnettes du portique on voit les lettres suivantes isolées ou entrelacées : C. D. H. Ce sont probablement les initiales de celui ou de ceux qui firent élever cette balustrade. Parmi les sculptures on remarque, sur les soubassements, des traces de couronnes royales, et au-dessus des colonnettes, de petites pyramides sur lesquelles grimpent des guirlandes de feuilles délicatement travaillées.

Dans les angles ou écoinçons formés par les arcatures du fond, se trouvent trois sujets assez bien conservés. Ils représentent la *Décollation de saint Jean-Baptiste.* Du côté gauche, le bourreau lève le bras et brandit une épée pour trancher la tête du précurseur, pendant que, près de lui, un ange apporte une couronne. Au milieu, on voit le cadavre du saint étendu ; la tête détachée a roulé sur le sol ; un personnage, peut-être le bourreau, se penche comme pour relever ces restes inanimés ; un peu sur la droite, Hérodiade, la couronne sur la tête et assise sur un trône, contemple cette scène sanglante. Deux anges occupent les angles.

La scène représentée du côté droit, se compose de deux personnages dont l'un est agenouillé et l'autre tient une sorte d'équerre. Ces sujets semblent indiquer que cette chapelle était celle dédiée à la Décollation de saint Jean-Baptiste.

Trois pierres tombales très grandes sont dressées contre les murs.

La première, en schiste ardoisier, paraît être du XIVᵉ siècle, à en juger par les restes d'ornements qu'elle a conservés. Un prêtre y est représenté en habits sacerdotaux et les mains jointes ; malheureusement elle est très détériorée et l'inscription qui l'entourait, n'offre plus que des fragments très incomplets.

La deuxième est une magnifique dalle en pierre blanche, sur laquelle est gravée, au milieu de riches et nombreux ornements de style flamboyant, l'effigie du chanoine Philippe Lenfant (Infantius), représenté avec les vêtements sacerdotaux et tenant un calice entre les mains. Il semble adresser à Dieu la prière suivante écrite sur un volumen qui lui entoure la tête : « *Ne ineas judicium cum servo tuo, Domine.* » (Psaume 143). L'inscription suivante se lit autour de la dalle :

« Cy gist vénérable et discrette personne maître Philippe Infantius, natif du diocèse d'Amiens, en son vivant pbre (prêtre) chanoine de l'église de céans, qui trespassa le sixiesme jour du moys de apvril mil cinq cens soixante avant Pasques. Priez Dieu pour son âme par III Ave Maria. »

La troisième pierre tombale est celle du chanoine Hilaire Mariot. « C'était, dit Fleury (1), une des plus belles et des mieux conservées de la cathédrale de Laon... L'influence de l'art du moyen-âge en est absolument bannie. Dans un joli portique très compliqué de la Renaissance se voit l'effigie du défunt la tête appuyée sur son aumusse déployée, » ou plutôt

---

(1) Cinquante ans de l'Histoire du Chapitre de Notre-Dame de Laon, page 153.

sur un coussin. Voici l'inscription qui entoure la dalle :

« Cy gist vénérable et discrette persone Me Hilaire Mariot pbre (prêtre) chan. de céans, natif de Chacrise, diocèse de Soissons, qui a fondé en l'Eglise de céans ung obit solenel po^r luy et ses parens et amys trespassés, qui décéda le jo^r de la Purificatio N^{re} Dame M V^c LXXII (1572). Priez Dieu po^r so ame. »

Autour de la tête est gravée cette invocation : « *Deus propitius esto michi peccatori.* » Et sous les pieds, cet avertissement : « *Respice finem.* »

6e Chapelle. — Les arcatures, qui se trouvent sous la fenêtre, sont formées d'arcs en ogive non trilobés et l'une d'elles a été remaniée et modifiée à l'époque où régnait le style flamboyant. Les sculptures qui garnissent les écoinçons, représentent : au milieu, la *délivrance de saint Pierre.* L'apôtre assis auprès de murs crénelés qui figurent sa prison, reçoit la visite de l'ange qui lui commande de se lever et de partir. — A droite, c'est une femme assise et devant elle un personnage debout et tenant un livre ; à gauche deux hommes, l'un debout et l'autre à genoux devant le premier. Ces bas-reliefs ont conservé quelques traces de peinture.

Il y a dans cette chapelle quelques pierres tombales. L'une d'elles représente un chanoine revêtu des ornements du diacre et tenant entre les mains le livre des Évangiles. Les dessins qui encadrent cette figure, accusent les débuts du style flamboyant. L'inscription très incomplète, est en latin :

« .... *venerabilis... probi homis (hominis) quondam*

hujus ecclesiæ canonicus dy...nus (diaconus) .... manen. diocesis qui obiit anno Domini MCCCC (1400).... 1ª die... aprilis.... orate pro eo. »

Une autre dalle en pierre bleuâtre, comme la précédente, mais brisée en plusieurs morceaux, porte les traces d'une décoration des plus riches : chanoine en habits sacerdotaux très ornés, nombreux personnages gravés dans l'encadrement, incrustations de marbre ou de métal, etc.

7ᵉ Chapelle. — La devanture de cette chapelle n'est pas exactement du même style que les autres. Elle offre les principaux caractères du corinthien. La date de 1522 se trouve deux fois répétée sous l'entablement (1).

On voit, à l'intérieur, *l'une des sculptures les plus remarquables de la cathédrale.* Placée sous une arcade ogivale trilobée pratiquée dans le mur, elle se trouvait autrefois au-dessus de l'autel auquel elle servait de rétable. Malheureusement la main stupide des sectaires de la Révolution est passée par là et, sous le ridicule prétexte d'égalité, a décapité et mutilé toutes les statuettes.

Cette sculpture forme un tableau composé de deux compartiments superposés. En haut c'est le *crucifiement.* Le Sauveur a été tellement maltraité qu'il ne

---

(1) Cette date (1522) d'une devanture style grec rapprochée de celle qui est gravée sur la pierre tombale à dessins flamboyants de Philippe Lenfant (1560) (pag. 161) nous fait constater que les deux styles, l'ogival flamboyant et la renaissance, furent employés simultanément dans la cathédrale pendant près de cinquante ans.

reste que le torse et les cuisses. Au pied de la croix est étendu un squelette enveloppé dans un linceul et tenant une espèce de grande coupe ; auprès de lui et un peu en avant on remarque une pierre semblable à celles dont on recouvre les tombeaux. Cette figure représente ou Adam ou l'humanité tuée par le péché, mais revivifiée par le sang qui coule des plaies de Jésus-Christ.

A droite de la croix, la Sainte-Vierge se tient debout et les mains jointes ; à gauche, c'est saint Jean, dont les pieds nus indiquent la qualité d'apôtre.

Dans la partie inférieure du tableau, le personnage du milieu est une sainte. Son attitude, la guimpe qui couvre sa poitrine et l'extrémité de voile qui retombe sur ses épaules, le montrent clairement. De la main gauche elle tient un livre actuellement mutilé. A ses côtés deux personnages agenouillés, les mains jointes et portant un capuchon rabattu sur les épaules, l'invoquent et réclament sa protection. Quelle est cette sainte ? Est-ce sainte Anne, sainte Marguerite, sainte Catherine, sainte Geneviève, qui avaient des autels dans la cathédrale ? Il est difficile de le préciser, car toutes sont représentées, sinon toujours au moins quelquefois, portant un livre à la main. On remarque sur ces statuettes quelques vestiges de peinture.

Cette chapelle renferme l'intéressante pierre tumulaire de « vénérable et discrette personne messire Jehan Pelleau, en son vivant chanoine de céans. » Cette dalle, datée de 1502, est ornée de riches dessins flamboyants. Voici en entier l'inscription qui l'entoure.

« Cy gist vénérable et discrette personne messire Jehan Pelleau en son vivant chanoine de céans et scelleur du Révérend Père en Dieu Monseigneur de Laon, lequel trespassa le XXIe jour de may l'an M. V^c et deux (1502). Priez pour luy. »

Les trois dernières chapelles, dont il vient d'être question, communiquent entre elles au moyen de petites ouvertures pratiquées dans les murs qui les séparent.

B. Chapelles du côté Nord de la Nef.

1re *Chapelle* (à partir du grand portail.)

La devanture de cette chapelle porte la date de 1574. Les sculptures qui garnissent les écoinçons, représentent : au milieu, Notre-Seigneur Jésus-Christ avec le nimbe crucifère et les bras étendus ; sur les côtés, des personnages les mains jointes et tournées vers le Sauveur. Ne serait-ce pas la Résurrection ? Nous savons, en effet, que la chapelle érigée sous ce vocable, se trouvait dans la nef ; d'autre part, aucune des sculptures que nous avons rencontrées de l'autre côté de la nef, ni aucune de celles que nous verrons dans la suite, ne figurent le mystère, dont il est question, aussi exactement que celles-ci.

Dans cette chapelle et dans les autres du même côté, on a réuni d'intéressants et nombreux fragments de sculptures tirés de la cathédrale : chapiteaux, bas reliefs, corniches, gargouilles, etc., que la restauration de l'édifice a dû remplacer.

2ᵉ Chapelle. — On remarque sur le portique des C entrelacés; ce sont probablement les initiales du donateur. A l'intérieur, les sujets sculptés représentent : au milieu, un ange dans les nues, les ailes déployées et portant une couronne de chaque main ; à droite et à gauche, d'autres anges tiennent l'un les trois clous, l'autre une couronne.

3ᵉ Chapelle. — Elle n'a rien de particulier et l'on ne voit, à l'intérieur, aucun bas-relief.

4ᵉ Chapelle. — Les écoinçons sont ornés de larges feuilles découpées.

Cette chapelle renferme le *fac-simile du tombeau de Barthélemi de Vir*. Le rôle important de cet évêque dans l'histoire de la cathédrale, nous fait un devoir de noter scrupuleusement tout ce qui se rapporte à sa sainte et glorieuse mémoire, et, par conséquent, de donner la description aussi détaillée que possible de son tombeau.

Don fait en 1843 par le comte de Mérode, ce facsimile est de proportions peu considérables et presque tout entier en marbre noir. Il se compose d'une base étroite et d'un socle très allongé, sur lequel repose une dalle légèrement inclinée et entourée d'un large cadre en marbre blanc formant corniche autour du tombeau. Sur cette dalle est gravée l'effigie de Barthélemi de Vir, orné des insignes de la dignité pontificale : l'aube, le manipule, l'étole, la chasuble, la crosse, la mitre et l'anneau. Ses mains sont jointes ; il est abrité sous un dais gothique et, sur le côté droit de sa tête, un petit ange agite un encensoir en signe de respect et de vénération ; sous ses pieds, un dragon étendu symbolise les victoires qu'il remporta sur le démon par son zèle à étendre le règne de Dieu. Sur l'encadrement de cette dalle, on lit l'inscription suivante :

QUI JACET HIC PRÆSUL, MARIANAM CONDIDIT ÆDEM
LAUDUNI, PARITERQUE DOMOS ANTISTITIS USTAS.
TEMPLA DECEM INSTRUXIT, BENEDICTO CONTULIT UNUM,
BERNARDO QUATUOR, NORBERTO QUINQUE PIAVIT.
DAT DIADEMA GENUS, LAUDUNI ECCLESIA MITRAM,
FUNERA FUSNIACUS, LAUREAM ET ASTRA DEUS.

La traduction de cette épitaphe se trouve gravée sur la partie antérieure du dé ou socle du tombeau ; elle est ainsi conçue :

« Celui qui repose ici, pieux prélat, bâtit le saint édifice de Laon (1) dédié à Marie ; releva les maisons incendiées de l'Evêque ; il construisit dix autres églises, l'une aux enfants de Benoit, quatre que reçut Bernard, cinq consacrées pour Norbert. Une noble naissance lui donna sa couronne illustre ; l'Eglise de Laon, la mitre ; Foigny, la sépulture ; Dieu, la palme et le Ciel. »

Sur l'autre côté du tombeau, sont gravés le plan de l'abbaye de Foigny (2) et l'inscription suivante : « Abbaye de Foigny, fondée par saint Bernard et

---

(1) Il faut entendre par ces mots la reconstruction de l'église romane en 1113, ou peut-être le commencement de l'église actuelle, mais non l'édifice tout entier.

(2) Foigny, commune de La Bouteille, canton de Vervins.

» Barthélemi de Vir, évêque de Laon, en 1121, mort à Foigny le 26 juin 1158, inhumé audit lieu. »

Cette chapelle renferme, en outre, quatre grandes pierres tombales en schiste ardoisier.

La première, de dimensions peu communes, représente sous un portique de style dorique, orné des armoiries du défunt, un chanoine revêtu des ornements sacerdotaux et tenant les mains jointes ; c'est maître Nicolas de Sains, archidiacre de Thiérache. L'inscription a été conservée intacte. La voici :

« *Cy gist vénérable et discrette personne Maître Nicolas de Sains, vivant prêtre chanoine et archidiacre de Thiérache en l'église de Laon et grand vicaire de Monseigneur l'Evesque et Duc de Laon, qui trépassa le 12 d'octobre 1626. Priez Dieu pour son âme.* »

Auprès de cette pierre, une autre moins grande représente un chanoine de l'ordre des diacres ; il porte, en cette qualité, la dalmatique et le livre des Evangiles. Son visage et ses mains sont formés de morceaux de marbre blanc incrustés dans la pierre bleuâtre. De nombreux ornements aujourd'hui mutilés, entouraient jadis cette figure. Il ne reste de l'inscription que quelques mots :

« JACE.... JACOBVS DE.... »

La troisième dalle est, comme la première, de grandes dimensions ; elle recouvrait les restes de Jean d'Anizy, chanoine diacre de la cathédrale. Le visage, les mains et le livre qu'il tenait, étaient autrefois en métal ou en marbre ; ces incrustations ont disparu.

Un riche encadrement gravé et présentant de nombreuses figurines placées sous des édicules gothiques, entoure la pierre. L'inscription a été effacée en certains endroits, mais on peut encore lire sans difficulté les mots suivants :

« . . . *Vir discretus Magister Johannes de Anisiaco, in legibus licentiatus, quondam canonicus Eccl....* (*esiæ Laudunensis, obiit*) *anno Domini millesimo CCCXLIIII (1344) XXVII* (27) *die mensis Aprilis. Orate pro....* (*eo*). »

La quatrième pierre tombale est aussi celle d'un chanoine diacre, représenté sous un portique gothique. Le visage, les mains, le livre, l'inscription étaient gravés sur des plaques de marbre ou de cuivre incrustées dans la dalle ; tout a été arraché.

5ᵉ Chapelle. — Entre les deux arcatures de l'intérieur, on voit un masque ou mascaron, figure bizarre qui se confond avec les feuillages qui l'entourent.

Une dalle tumulaire, en pierre du pays, a été dressée contre le mur. L'inscription nous apprend qu'elle recouvrait les cendres de « Jacques de Roucy, trésorier et chanoine de l'Eglise de Laon, lequel trépassa le onzième d'octobre 1628. »

6ᵉ Chapelle. — Le portique ou devanture a conservé quelques vestiges de peinture. Les écoinçons sont ornés d'un mascaron et de feuilles.

7ᵉ Chapelle. — On remarque, à l'intérieur, trois anges portant des couronnes.

8ᵉ Chapelle. — Sa devanture n'est pas tout à fait

du même style que les autres ; on y voit mélangés les principaux motifs de décoration de l'ionique et du corinthien.

De nombreuses pierres tombales jonchent encore le sol de la nef ; malheureusement un certain nombre d'entre elles ont perdu en tout ou en partie leurs effigies et leurs inscriptions ; plusieurs cependant sont encore assez visibles et nous apprennent que presque toutes recouvraient la dépouille mortelle de chanoines de la cathédrale.

La Chaire.

Avant de quitter la nef, on s'arrêtera, un instant, devant la chaire, dont la masse imposante s'élève dans l'avant-dernière travée de gauche (à partir du portail).

Bien qu'elle soit d'un style qui ne ressemble en rien à celui de l'église, elle n'en est pas moins remarquable et digne d'attirer les regards du visiteur, tant à cause de ses proportions peu ordinaires, qu'en raison de la richesse et de la variété de ses ornements.

Cette chaire est en bois et se compose, comme toutes les autres, d'un support, d'une cuve ou tribune, d'un escalier, d'un dossier et d'un abat-voix.

Le support est formé par une large boiserie à panneaux simples, et derrière laquelle est caché l'escalier.

La tribune, appliquée ou plutôt suspendue à cette boiserie, présente extérieurement cinq côtés couronnés par une corniche et séparés les uns des autres par de petits pilastres couverts de feuilles, de livres, etc.

Trois de ces côtés ou panneaux sont ornés de personnages, dont les noms sont inscrits sous chaque statuette. Au milieu c'est *Lansperge* « D. I. LANSPERGI » (1); il est debout et tient un livre de la main gauche; la main droite est brisée; auprès de lui on voit une statuette de la Sainte-Vierge portant l'Enfant-Jésus, et à ses pieds, plusieurs volumes épars.

Sur le panneau de gauche, le Bienheureux *Denis le chartreux* « B. P. DIONYSIVS » (2), retiré dans sa cellule et assis à sa table de travail, étudie et compose ; un démon, placé derrière lui, le regarde et cherche à le distraire de ses saintes occupations.

Le panneau de droite représente *Surius* (3) « D. L. SVRIVS », debout, tenant un livre et entouré de nombreux volumes. Sur sa droite, des rayons venant du ciel se dirigent vers lui et l'illuminent.

La présence de ces trois religieux de l'ordre de saint Bruno dans une église qui n'appartint jamais à des moines, peut, de prime-abord, paraître assez extraordinaire, mais tout étonnement disparait quand on apprend que cette chaire, construite en 1681 (4) pour

---

(1) Dom J. Lanspergius — Lansperge, chartreux de Cologne, né en 1489, mort en 1539, auteur de plusieurs ouvrages

(2) Beatus Pater Dionysius. Denis le Chartreux (le Bienheureux) naquit à Rickel, diocèse de Liège, composa une foule d'ouvrages, entre autres le Traité des fins dernières de l'homme, et mourut en 1471, âgé de 69 ans.

(3) Dom Laurent Surius, né à Lubeck en 1522, mort à Cologne en 1578. Auteur de plusieurs ouvrages de spiritualité.

(4) Cette date est sculptée sous le panneau du milieu de la cuve.

la Chartreuse du Val-Saint-Pierre (1), n'est devenue la propriété de la cathédrale qu'après la Révolution.

Chacun des côtés ou pans de la cuve se recourbe en dessous de manière à se réunir et à se terminer en pointe. Des palmes, des branches de chêne, des livres ouverts, des têtes d'anges ornent ces panneaux inférieurs et dissimulent les arêtes.

Le dossier de la chaire, peu orné en lui-même, est accompagné, de chaque côté, de deux espèces de longues consoles renversées, affectant la forme d'une S majuscule et couvertes de feuilles, de palmes et de branches gracieusement enroulées.

L'abat-voix ou dais, fermé horizontalement en dessous et garni d'une belle corniche et d'une frange très délicatement travaillée, est surmonté d'un petit dôme à cinq pans découpés à jour en forme de réseau et séparés les uns des autres par des bandeaux couverts de sculptures.

Une magnifique corbeille de fleurs et de fruits domine et couronne le tout.

Tout ce travail est d'une grande richesse de dessin et d'une extrême finesse d'exécution.

(1) Commune de Braye-en-Thiérache, près de Vervins.

CHAPITRE II.

Le Transept.

I. — *Ensemble et caractères particuliers du Transept.*

Le transept est, avec les trois premières travées du chœur, la partie la plus ancienne de la cathédrale ; remonte, en très grande partie, à l'épiscopat de Gaultier de Mortagne (1155-1174), ou à celui de son prédécesseur, Gaultier de Saint-Maurice (1151-1155), peut-être même aux dernières années que Barthélemi de Vir passa sur le siège de Laon (1145-1150). Je dis en très grande partie, parce que plusieurs chapiteaux paraissent être d'une époque antérieure et avoir appartenu à l'église reconstruite en 1113, et parce que les dernières travées de chaque côté ont subi une importante transformation, lorsqu'au XIVe siècle on remania les portails latéraux.

Le transept compte quatre travées de chaque côté de la croisée des nefs, et présente, en plan, une large allée centrale accompagnée de deux collatéraux ; en élévation, de grandes arcades, un double triforium et un clair étage ; c'est, comme ensemble, comme disposition générale, ce qui se voit dans la nef. Toutefois il existe entre ces deux parties de la cathédrale des différences bien marquées dans les détails, dans l'ornementation, différences qui font conclure que le transept

Une travée du Transept de la Cathédrale.

est antérieur à la nef et au grand portail, antérieur aussi au prolongement du chœur et à la construction du chevet carré.

Voici ces différences, au moins les principales : (1)

Dans la nef, les bases d'un bon nombre de colonnes sont dépourvues de griffes, et lorsqu'elles en ont, ces ornements offrent généralement la même forme, celle d'une feuille enroulée ; dans le transept, au contraire, toutes ou presque toutes en sont garnies et cet appendice y revêt, spécialement dans les petites colonnes, les formes les plus variées.

Dans la nef, la corbeille des gros *chapiteaux* se compose de deux, de trois et même de quatre rangs de petites feuilles plates, dont l'extrémité se recourbe le plus souvent en crochet; celle des petits, quoique variée, est toujours très simple. Dans le transept, au contraire, ce sont : aux grosses colonnes, des feuilles larges, épaisses, feuilles grasses ou feuilles d'eau toujours disposées sur deux rangs ; aux petites, ce sont des rinceaux, des enroulements, des feuillages découpés, contournés, ornés de perles, en un mot, toute la décoration si riche et si variée du roman fleuri. Aucun de ces chapiteaux ne se ressemblent ; plusieurs sont d'une finesse d'exécution et d'une élégance merveilleuses; quelques-uns (pilier de droite sous la tribune adossée au portail du Nord) sont historiés et l'on y voit des quadrupèdes, des oiseaux fantastiques,

---

(1) Ce qui est dit ici du transept, s'applique aux trois premières travées du chœur qui furent élevées à la même époque.

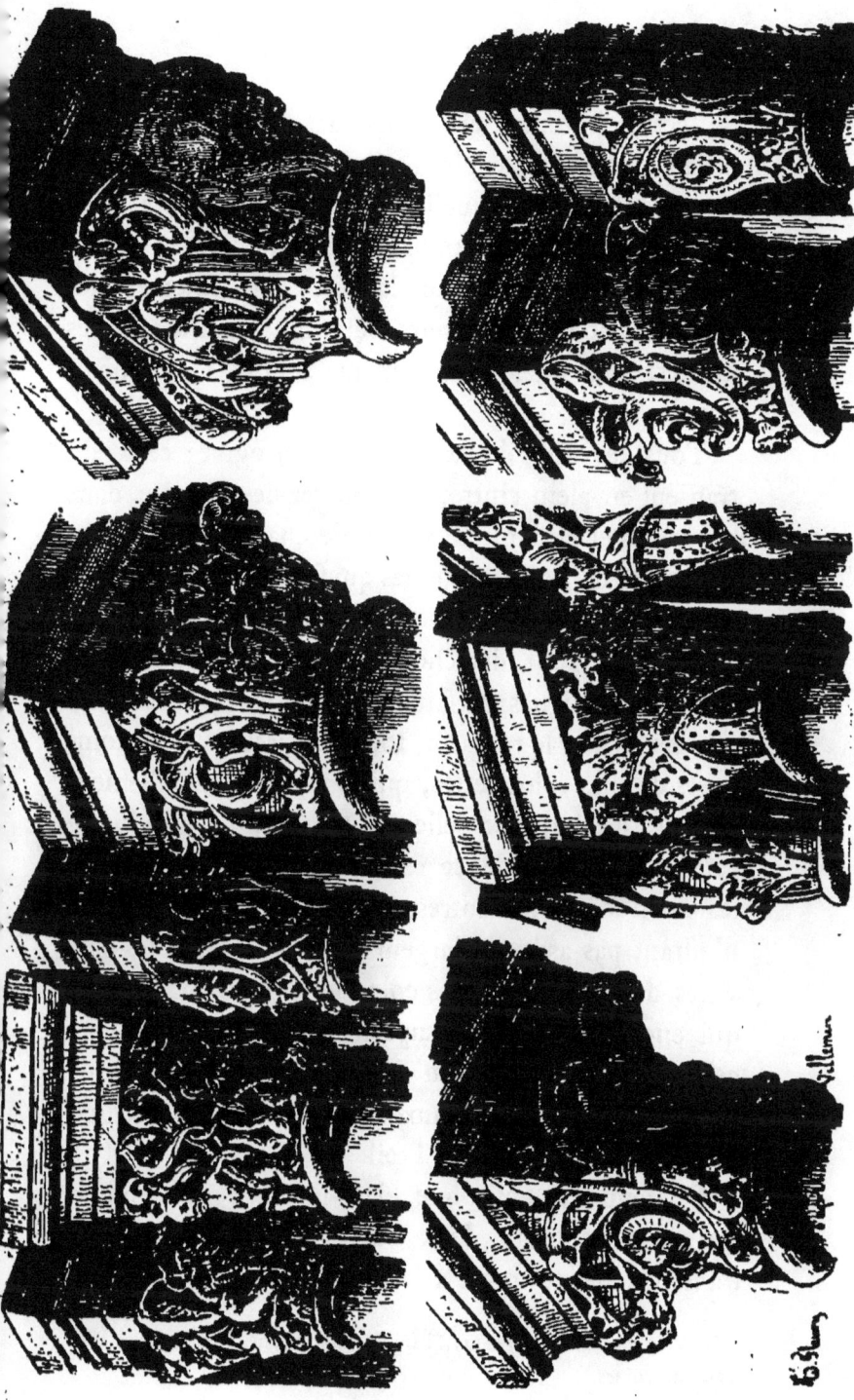

de petits hommes au milieu de branches d'arbres et de rinceaux. De plus, du côté Est du transept, tous ces chapiteaux, quelles que soient d'ailleurs leurs dimensions, sont surmontés de tailloirs creusés sur les tranches, tandis que dans la nef, non-seulement les tailloirs ont leurs contours déterminés par des lignes droites, mais quelques-uns même sont de forme octogonale.

Tous les arcs de la nef sont en ogive; ceux du transept en plein cintre, sauf au rez-de-chaussée, dans les voûtes et la dernière travée de chaque côté.

Dans la nef, les colonnettes qui forment les faisceaux, sont réunies alternativement au nombre de trois ou de cinq; elles sont détachées les unes des autres et s'élèvent en lignes parfaitement droites de la base au sommet. Dans le transept, tous les faisceaux sont composés de cinq colonnettes, qui se rapprochent tellement les unes des autres qu'elles se touchent; il résulte de cette disposition, de ce resserrement des colonnettes les unes contre les autres, que le sommet du faisceau n'offrant pas assez de largeur pour recevoir et les nervures de la voûte et les colonnettes sans chapiteaux, qui encadrent la partie supérieure de chaque travée, celles-ci sont rejetées un peu sur le côté et, sans porter complètement à faux, présentent cependant une disposition désagréable à l'œil.

On remarque enfin que, dans la nef, il n'y a qu'une clef de voûte pour deux travées, tandis que dans le transept, chaque travée a la sienne (1).

(1) Voir plus haut, page 145, l'appréciation donnée sur ces deux systèmes de voûtes.

Des différences qui viennent d'être signalées, nous concluons que le transept est antérieur à la nef ; nous concluons pareillement des hésitations, des vices de construction, des défauts, des méalnges d' arcs, des réminiscences nombreuses d'art roman observés dans le transept, que nous sommes ici en pleine transition et à l'époque indiquée plus haut.

II. — *Diverses parties du transept.*

1. La Lanterne.

Ce qui frappe surtout, lorsqu'on arrive dans le transept, c'est la *Lanterne* ou dôme élevé sur la croisée des nefs (1).

Cette construction, pleine de hardiesse et qui mesure quarante mètres d'élévation sous voûte, s'appuie sur les quatre gros piliers qui soutiennent les arcades de la croisée des nefs et du transept. Elle se compose, au-dessus de ces arcades, d'une galerie assez haute surmontée, sur chacune des quatre faces, de deux fenêtres longues et étroites. La voûte, qui couronne le tout, est divisée en huit compartiments reposant sur autant d'arcs. Ces arcs, réunis à leur sommet par une large couronne de feuilles faisant l'office de clef de voûte, s'appuient, les uns sur d'élégantes colonnettes s'élançant d'un seul jet de la base du pilier jusqu'à une hauteur de plus de trente mètres,

---

(1) La raison d'être de ce dôme et du clocher, qui le surmontait extérieurement, a été donnée page 37.

les autres sur des faisceaux élevés au milieu de chaque face entre les deux fenêtres et soutenus par des culs-de-lampe ornés de figures. Ces figures représentent, du côté du Nord, trois têtes d'hommes ; au Midi, un ange les mains jointes et les ailes déployées ; à l'Est, au-dessus de l'arcade du chœur, un buste d'homme et deux oiseaux perchés sur ses épaules et paraissant de leur bec lui tirer les cheveux ; à l'Ouest, ce sont deux monstres l'un à tête d'homme, l'autre à tête de femme.

Couronne de lumières. — On voyait jadis suspendue au milieu de la Lanterne, une magnifique *couronne de lumières.* « Cette couronne qui n'a disparu, dit
« Fleury (1), qu'à la Révolution, en même temps que
« le Jubé et son grand crucifix, passait au dire des
« vieillards que nous avons connus, il y a quarante
« ans et plus, pour une merveille de la belle serrurerie
« antique. Elle était immense, à divisions multiples
« et compliquées, et ses feux nombreux produisaient
« un effet indescriptible dans la pénombre, dans les
« ténèbres transparentes où les hauteurs de la lanterne
« se noyaient pendant l'illumination de la messe de
« minuit. »

Aujourd'hui, hélas ! elle est remplacée par un de ces lustres en verroterie dont on a affligé tant d'églises en notre siècle !

En 1793. — Ce fut sous cette même lanterne qu'en

---

(1) Cinquante ans de l'Histoire du Chapitre de Notre-Dame de Laon, page 27.

1793, on éleva, pour la *fête de la Raison*, une immense estrade affectant la forme d'une montagne et que Melleville et Fleury décrivent assez diversement :

« C'était, dit le premier, une montagne de char-
« pente, ornée de mousse, de feuilles et de fleurs,...
« au sommet de laquelle s'élevait un petit temple sur
« la façade duquel on lisait ces mots : « A la philo-
« sophie. » Vers le milieu, sur un rocher, brillait le
« flambeau de la vérité. » (1)

« C'était, dit à son tour Fleury, (2) une montagne
« de pierres, solide, haute et large,.... au centre du
« monument se dressait l'autel de la Patrie.... »

Quoi qu'il en soit de la forme exacte de cette estrade, ce qui est certain, c'est que la déesse Raison, représentée par une jeune fille demi-nue, y trôna et y reçut les hommages des autorités et de la foule, pendant que les fanfares et les musiques exécutaient des chants républicains. La cérémonie se termina par une procession, dans laquelle l'idole, coiffée du bonnet phrygien, fut portée sur une estrade par quatre citoyens ! ! !

Le soir de ce jour, un grand festin, où chacun apporta ses vivres, réunit de nouveau le peuple sous les nefs de la cathédrale, et lorsque les têtes furent un peu échauffées, on chanta, on hurla la fraternité, on dansa à la lueur des flambeaux, et Dieu sait quelles horreurs furent alors commises dans le temple violé !

(1) Melleville. Histoire de Laon, tom. II, pag. 344.
(2) Fleury. Le Clergé de l'Aisne pendant la Révoltuion, tom. II, pag. 95.

2. Côté Nord du transept.

I. *Tribune*. — Le transept Nord, dont la disposition générale a été indiquée précédemment, se termine par une *tribune*, qui embrasse toute la largeur et toute la profondeur de la dernière travée, et s'appuie sur deux arcades ogivales portées, de chaque côté, par les piliers des tours et, au milieu, par un élégant faisceau, composé d'une colonne centrale, entourée de six autres moins fortes et dont les fûts élancés sont d'une seule pièce.

II. *La Vierge noire*. — Un peu en avant de ce faisceau de colonnes, on voit actuellement, sur un piédestal, une grande *statue* en bois, représentant la *Très Sainte Vierge* assise et tenant sur ses genoux l'Enfant Jésus debout et levant la main droite pour bénir. La Sainte Vierge est couronnée et vêtue d'un manteau entouré d'une riche bordure ; de son pied vainqueur elle écrase le serpent infernal. La couleur sombre de cette statue lui a fait donner le nom de « *Vierge noire* ». Elle fut offerte à la cathédrale par le gouvernement sur la proposition de Léon Faucher, ministre des travaux publics en 1848.

III. *Les orgues*. — La tribune du transept Nord est occupée depuis 1854 (1) par les *grandes orgues* de la cathédrale.

« Magnifique libéralité de Monseigneur de Cler-

---

(1) Les travaux de restauration du grand portail, près duquel se trouvaient alors les orgues, obligèrent à les changer de place.

« mont, évêque de Laon (1), et du chapitre de la
« cathédrale, lisons-nous dans un rapport adressé, le
« 14 avril 1882, au Conseil général du département par
« M. Périnne, président du Conseil de Fabrique, notre
« grand orgue est à lui seul un monument, dont les
« personnes les moins versées dans les questions d'art,
« peuvent apprécier l'importance. Un riche buffet,
« qui parle aux yeux avec tant d'éclat, ne donne
« qu'une idée bien imparfaite de la vaste complication
« du mécanisme intérieur. Cet instrument, merveille
« du XVIIe siècle, possède une cinquantaine de jeux
« que font mouvoir cinq claviers (2) dont un de
« pédales. Les sommiers portent plus de trois mille
« sept cents tuyaux.... (3) ».

En 1854, on refit la montre de cet orgue et l'on trouva, dans les plus gros tuyaux, des plaques en étain, sur lesquelles étaient gravées les inscriptions suivantes :

1. « Faict par religieuse personne F. L. C. Ricard,
« prieur de Saint-Nicolas de Vertus en Champagne. »

2. « Faict par M. Ricard, religieux de l'abbaye de
« Joyenval et prieur de Saint-Nicolas de Vertus. »

Ces inscriptions ne portent pas de date ; mais, dit

---

(1) Monseigneur de Clermont fut évêque de Laon de 1694 à 1721. Sa pierre tombale, jadis dans le sanctuaire, se trouve actuellement sous la lanterne ; placée en un endroit, où l'on passe continuellement, elle ne tardera pas à perdre son inscription, si l'on ne prend soin de la relever bientôt.

(2) Il n'y a présentement que quatre claviers, dont un de pédales.

(3) Extrait du registre des délibérations du Conseil de Fabrique de la cathédrale, feuillet 107 et 108.

Melleville (1), dans l'étude qu'il a consacrée aux orgues de la cathédrale, « l'orthographe, la forme « des caractères permet de les attribuer à la fin du « XVIIe siècle. »

Une autre inscription, également gravée sur étain et mise à découvert en 1854, mais replacée aujourd'hui dans le plus gros tuyau et, par conséquent, invisible, aurait appris que la montre de l'orgue avait été faite en 1700 par Clicquot, facteur d'orgues du roi (2). Malheureusement cette inscription ne fut pas relevée en entier ; nous le regrettons vivement, car peut-être nous eût-elle fait connaître si l'orgue tout entier avait été construit par Ricard et par Clicquot en 1700, sous Monseigneur de Clermont, ou si à un orgue plus ancien, œuvre du religieux Ricard, on avait alors ajouté seulement une montre nouvelle, œuvre de Clicquot, et le riche buffet que nous avons sous les yeux ?

Ce buffet de l'orgue n'est pas dans le style de la cathédrale ; mais il n'en mérite pas moins d'être regardé et admiré. Ses deux parties, le grand buffet (montre) et le positif, se composent de tourelles séparées par des panneaux, cinq tourelles, placées dans un ordre de taille décroissant des extrémités au centre pour le grand buffet, et trois tourelles pour le petit buffet ou positif ; tourelles et panneaux sont

---

(1) Bulletin de la Société académique de Laon, tom. 4, pag 153 et suivantes.

(2) Renseignements donnés par M. Zeiger, ancien organiste de la cathédrale, qui refit lui-même la montre en 1854.

ornés de tuyaux en étain et de très belles sculptures : guirlandes de fleurs, instruments de musique, têtes d'anges, palmes, fleurs de lis et génies. On y voit également les armoiries de Monseigneur de Clermont, qui sont « *de gueules à deux clefs d'argent en sautoir,* « *brisé en chef d'un écusson d'azur à une fleur de lis d'or* », et celles du chapitre de la cathédrale : « *d'azur à douze* « *têtes de chanoines de carnation posées de front, cinq, quatre* « *et trois.* » Deux énormes cariatides soutiennent les extrémités du grand buffet ; on voyait encore autrefois, de chaque côté, des anges sonnant de la trompette ; mais, à cause de leur taille gigantesque, ils n'ont pu trouver place à l'endroit trop resserré où sont actuellement les orgues.

Sauvé, au temps de la Révolution, on ne sait comment, par son organiste nommé Hazard, ce puissant instrument est, à l'heure présente, en très mauvais état et demande à grands et lamentables cris une prompte et complète réparation.

IV. *La rose du portail du Nord.* — Au-dessus du buffet de l'orgue, on aperçoit la partie supérieure de la grande et belle *rose* qui orne le portail du Nord. Les précieux vitraux qu'elle a eu le bonheur de conserver, datent du XIIIe siècle et représentent, sous la figure de femmes assises sur des bancs, les *sciences* et les *arts* au nombre de neuf.

Dans le médaillon central, à la place d'honneur, c'est la *Philosophie,* suivant les uns, la *Théologie,* suivant les autres. D'une main elle tient un livre ouvert, de l'autre le sceptre de la supériorité et du commandement ; une échelle est appuyée sur sa poitrine (1) et sa tête touche les nues. C'est, en peinture sur verre, le sujet sculpté au grand portail dans la fenêtre de gauche (2).

Dans le médaillon placé au-dessus du fleuron central, se trouve un personnage qui, de la main droite, trace des lettres sur une tablette appuyée sur ses genoux. C'est la *Rhétorique* composant ses discours. Elle forme, avec les deux figures suivantes, la première division des sept arts libéraux, *les Lettres* (Grammaire, Dialectique, Rhétorique), ce qu'on appelait, au moyen-âge, le *trivium*.

A droite de ce médaillon, en descendant, on rencontre d'abord la *Grammaire* qui menace de ses verges deux enfants assis devant elle et dont l'un tient des tablettes arrondies par le haut. Au bas du tableau on lit le mot « GRAMATICA », qui exclut tout doute sur l'identité de cette figure.

Au-dessous, le personnage qui, une main appuyée sur le genou, fait de l'autre un geste démonstratif et semble parler, représente la *Dialectique*.

Plus bas, c'est l'*Astronomie* ; d'une main, elle tient une sphère et de l'autre la montre et semble donner des explications. Au moyen-âge, l'Astronomie formait avec l'Arithmétique, la Géométrie et la Musique, la

---

(1) Le symbolisme de ces attributs est indiqué plus haut, page 100.

(2) Fleury s'est trompé lorsqu'il a écrit dans son ouvrage « Antiquités et monuments du département de l'Aisne », tome IV, page 118, que l'échelle ne figurait pas parmi les attributs de la Philosophie représentée sur la rose du portail Nord. Tous peuvent l'y voir.

seconde division des arts libéraux, le *quadrivium* ou les *sciences*.

Le médaillon inférieur est occupé par l'*Arithmétique* qui tient deux boules d'une main et trois de l'autre.

En remontant, sur la gauche, on voit d'abord la *Médecine*, qui tient, élevé en l'air, un vase dont elle étudie le contenu.

Plus haut, c'est la *Géométrie* qui mesure avec un compas. Au bas du médaillon on lit le commencement du mot *Geometria* : « GEOMET... »

La dernière figure représente la *Musique* ; elle frappe avec un petit marteau trois clochettes suspendues devant elle.

V. *Prison de la tournelle*. — A gauche de la tribune où se trouvent les orgues, sous la tour du portail Nord, il y a une chambre carrée ou chapelle, séparée par des murs du reste de l'édifice. D'étroites ouvertures, garnies de barreaux, y laissent pénétrer le jour. C'était autrefois, disent les historiens, *la prison dite « de la Tourelle ou plutôt de la Tournelle »* (1), dans laquelle le Chapitre, qui avait droit de haute et basse justice sur ses vassaux, faisait enfermer les délinquants. — Ce serait également dans cette prison qu'aurait été gardée, en 1566, pendant le temps que durèrent les exorcismes (2), Nicole Obry, la fameuse démoniaque de Vervins.

VI. *Chapelles terminées en abside*. — A l'Est de la

---

(1) Fleury. Cinquante ans de l'Hist. du Chapitre..., pag. 224.
(2) Histoire de Nicole de Vervins, par l'abbé J. Roger.

dernière travée de chaque transept, s'élèvent, au rez-de-chaussée et à l'étage des galeries, de *très belles chapelles terminées en abside* à sept pans. *Celles du rez-de-chaussée*, dont l'une est actuellement dédiée à la Sainte Vierge, l'autre à St-Joseph, sont ornées, à la partie inférieure, d'arcatures dessinées en ogive et soutenues par de courtes colonnettes ; au-dessus, des fenêtres hautes et étroites, communément appelées lancettes, répandent à l'intérieur une abondante lumière ; entre ces ouvertures, d'élégantes colonnes soutiennent les nervures, qui se réunissent toutes à une clef de voûte, ornée de feuilles et d'une figurine d'ange.

Les *chapelles de l'étage des galeries* offrent, en plan, la même disposition que celles du rez-de-chaussée ; mais elles les surpassent, elles et toutes celles que nous avons vues jusqu'ici, en élégance et en beauté. Elles sont vraiment, sinon la partie la plus remarquable de la cathédrale, au moins l'une des plus intéressantes et des plus admirables. Quoi de plus gracieux, en effet, que ce double rang de lancettes, qui inondent l'intérieur de flots de lumière ? Quoi de plus heureux que ces arcades, qui encadrent les fenêtres du rang inférieur et forment, autour de la petite abside, une haute et étroite galerie, une sorte de deambulatorium ? Quoi de plus agréable à l'œil, de plus habilement disposé que les sveltes colonnes, qui soutiennent ces arcades, et les colonnettes plus sveltes encore, qui s'élèvent en avant de ces mêmes colonnes et portent sur leurs gracieux chapiteaux les nervures de la voûte ? Tout est fini dans ces chapelles, et l'élégance, la har-

diesse, l'harmonieuse disposition des diverses parties en font vraiment les *joyaux* de la cathédrale.

Dans la galerie qui aboutit à ces chapelles, dans le transept du Nord et dans celui du Midi, on remarque des *chapiteaux* d'une richesse, d'une variété et d'une délicatesse merveilleuse, vrais spécimens du roman fleuri à son apogée.

3. Côté méridional du Transept.

I. *Tribune*. — Le côté méridional du transept se termine par une *tribune* semblable à celle du Nord ; la seule différence, qui existe entre elles, consiste dans la composition du faisceau de colonnes du milieu : au Nord, ce faisceau est formé de sept colonnes ; ici, il n'en compte que cinq, trois grosses et deux petites.

II. *Fenêtre du portail du Midi*. — Au-dessus de cette tribune s'épanouit une *immense fenêtre*, œuvre du XIVe siècle et contemporaine des remaniements, qui furent opérés dans toute la dernière travée de ce transept. Cette fenêtre, divisée en plusieurs compartiments surmontés d'une rose rayonnante (1), a conservé quelques rares débris de vitraux, sur lesquels on remarque des ornements de style renaissance.

III. *Chapelles terminées en abside*. — Des chapelles, semblables à celles du Transept Nord, s'élèvent à l'Est de la dernière travée. Celle du rez-de-chaussée, dédiée à saint Joseph, est fermée en avant et sur un côté

---

(1) Voir pour le détail des divisions de cette fenêtre, page 131.

par une curieuse *balustrade en bois* de la dernière époque ogivale. La disposition générale de cette balustrade, haute d'environ trois mètres, rappelle celle des portiques ou devantures en pierre, dont il a été parlé plus haut (1) :

A la partie inférieure, un soubassement ou piédestal continu peu orné ; plus haut, de petites arcades à dessins flamboyants reposant sur des colonnettes dont les fûts sont couverts de moulures en spirale, de chevrons et d'imbrications ; au-dessus de ces arcades, entre deux corniches chargées de branches de vigne et de chêne et de petites figures d'animaux, une série de compartiments carrés, ornés de dessins flamboyants variés et découpés à jour (2).

IV. *Chapelle de l'étage supérieur : Trésor, Archives.* — La chapelle de l'étage supérieur offre, comme objets dignes de remarque, les élégantes nervures de sa voûte et un *vieux carrelage* en petites pierres dites *tuiles de montagnes*, disposées de façon à former une espèce de mosaïque.

Cette chapelle était autrefois séparée de l'église par des murs et divisée elle-même en deux par un plancher. C'est là qu'étaient le *Trésor* et les *Archives* renfermées dans de grands casiers, dont un seul a été conservé. C'est là aussi qu'était la *chambre des coûtres* ou gardiens chargés de la surveillance de l'église particulièrement pendant la nuit. On a retrouvé, il y a

---

(1) Page 154.

(2) Une balustrade à peu près semblable à celle-ci est actuellement reléguée dans les galeries de l'église.

quelques années et l'on voit encore, une cheminée construite, vers le XIVe siècle, pour chauffer cette salle pendant l'hiver. On accédait alors dans cette partie de l'édifice par un escalier spécial, construit dans la tourelle qui de la cour de la sacristie monte le long du mur extérieur de la chapelle. De solides portes mettaient à l'abri des malfaiteurs les titres et les richesses de la cathédrale. Plusieurs de ces portes subsistent encore; l'une d'elles est toute en fer et possède une ancienne et curieuse serrure; les autres sont en bois et garnies de ferrures antiques.

V. *Fonts baptismaux.* — Auprès de la chapelle du rez-de-chaussée, dans la première travée du collatéral, se trouve la seconde *cuve baptismale* de l'église, celle dont on se sert actuellement. De dimensions un peu moindres (1) que celle qui est dans la chapelle des Fonts, elle parait appartenir à peu près à la même époque, c'est-à-dire au plus tard au commencement du XIIe siècle (2). Elle se compose d'une base et d'un pédicule circulaires, flanqués de quatre colonnettes sans chapiteaux, mais à bases larges et garnies de griffes; sur le pédicule repose un réservoir ou calice également circulaire et décoré de rinceaux, de figures d'animaux fantastiques et de quatre masques ou têtes d'hommes, faisant saillie au-dessus de chaque colonnette. Le tout est en pierre bleue très dure, aussi les

(1) Hauteur, 1 mètre — Diamètre de la base, 0 m. 85 centimètres. — Diamètre du réservoir (extérieur), 0 m. 82 centimètres.

(2) Le calice ou réservoir parait plus ancien que la base et ressemble à certains fonts qu'on attribue au XIe siècle.

sculptures sont-elles grossières et seulement ébauchées.

VI. — *La salle capitulaire.*

Cette importante annexe de la cathédrale est reliée au transept méridional, à l'Ouest duquel elle s'élève, par un petit couloir, dont la porte se trouve à l'intérieur sous la tour de l'horloge et tout près de la façade.

Construite selon toute apparence au commencement du XIIIe siècle, cette salle affecte la forme d'un rectangle et mesure onze mètres cinquante centimètres de long, huit mètres dix centimètres de large et six mètres soixante-quinze centimètres de haut à la clef de voûte. On n'y voit aucune colonne et les nervures de sa voûte ogivale, pleine de hardiesse et de légèreté, reposent, à peine à un mètre du sol, sur des culs-de-lampe fleuris. Elle est éclairée de deux côtés seulement par de hautes lancettes, ordinairement réunies deux à deux.

Plusieurs tableaux ornent cette salle. Parmi les meilleurs, on distingue la *Mort de Notre-Seigneur sur la croix*, mais surtout les deux grandes toiles de *Berthélemy* (1), peintre laonnois d'une certaine réputation à la fin du siècle dernier. L'une et l'autre représentent l'*Assomption de la Très Sainte Vierge*.

La première, haute de quatre mètres vingt centimètres et large de deux mètres soixante centimètres, est signée à droite : « Berthélemy, 1790 ». Elle fut

---

(1) Berthélemy, Jean-Simon, naquit à Laon le 5 mars 1743 et mourut à Paris le 1er mars 1811.

peinte pour l'abbaye du Sauvoir-sous-Laon ; la Sainte Vierge y est figurée agenouillée sur les nuages, les bras ouverts, les regards vers le ciel et soutenue par les anges. En bas, autour du tombeau couvert d'une draperie et de roses, on voit divers personnages de grandeur naturelle et dans des attitudes pleines de respect.

La seconde toile, haute de quatre mètres, large de deux, est signée à gauche : « Berthélemy, 1766 ». Elle appartenait à l'abbaye de Vauclair avant la Révolution. Dans le haut, la Sainte Vierge, entourée d'anges, monte au ciel ; dans le bas, autour de son tombeau, plusieurs personnages dans des attitudes variées de respect et d'étonnement.

Un autre tableau de moindres proportions, mais qui a au moins le mérite de rappeler un fait concernant l'hagiographie locale, représente l'*Arrivée à Laon de sainte Salaberge*, fondatrice du monastère de Saint-Jean (la préfecture actuelle), vers le milieu du VIIe siècle. La sainte abbesse est reçue avec ses compagnes par l'évêque Attila ou Attola (1), qui s'est avancé à sa rencontre avec les membres de son clergé, les notables de la ville et une grande foule de peuple.

---

(1) Attila, Attola ou Attilon fut évêque de Laon de 633 à 666 environ. Il succéda à saint Canoël.

CHAPITRE III.

Le Chœur.

I. — *Allée centrale.*

1. — Ensemble et caractères particuliers.

L'élévation architecturale du chœur, son ordonnance générale sont les mêmes que celles de la nef : c'est la même disposition des voûtes, des bas-côtés, des chapelles latérales, du double triforium et du clerestory ; ce sont presque les mêmes dimensions, puisque le chœur compte dix travées, alors que la nef n'en a pas plus de douze. Il y a cependant entre ces deux parties de l'édifice quelques différences.

1° Le chœur est un peu plus élevé que la nef (1), bien que l'arcade qui le met en communication avec le transept, soit moins haute que celle qui s'ouvre du côté de la nef. Les fenêtres du clerestory ou étage supérieur sont également plus hautes que celles de la nef et du transept.

2° Les trois premières travées du chœur présentent dans les bases et les chapiteaux de leurs colonnes, dans la disposition des faisceaux de colonnettes, dans la forme encore indécise de certaines ogives du

---

(1) Environ un mètre.

triforium, dans le système de voûtes des bas-côtés et des tribunes, les caractères de l'art qui domine dans le transept. On y constate les mêmes défauts, mais aussi les mêmes qualités, le même luxe de décoration dans les *chapiteaux*, dont plusieurs, notamment ceux qui se trouvent dans les galeries, présentent des corbeilles chargées de feuillages, de branches, de fleurs, de fruits disposés avec une habileté, une grâce admirables et travaillés avec une délicatesse et un fini vraiment merveilleux. Ces trois premières travées sont contemporaines du transept; elles appartenaient à l'ancien chœur du XIIe siècle, lequel se terminait, nous l'avons vu (page 35), par une abside circulaire, dont la courbure commençait à la quatrième travée, comme on peut le constater encore aujourd'hui en regardant, à cet endroit, le soubassement sur lequel reposent les grosses colonnes.

3° A partir de la quatrième travée, le style change et rappelle celui de la nef. Les grandes arcades sont un peu plus élevées. Les colonnettes, disposées en faisceaux, ne sont plus unies, presque collées les unes aux autres, comme dans les premières travées et le transept; elles s'élèvent toutes en ligne droite de leur base à leur sommet. Dans les bas-côtés, les clefs de voûte sont au même niveau, à la même hauteur que le sommet des arcs-doubleaux. Nous sommes dans la partie reconstruite et prolongée dans les premières années du XIIIe siècle.

4° Jusqu'à la sixième travée cependant la décoration des chapiteaux reste la même : ce sont encore, au rez-de-chaussée, les feuilles épaisses, feuilles d'eau disposées sur deux rangs, les tailloirs creusés sur les tranches et, au triforium, les élégantes corbeilles (1) que nous avons admirées dans les premières travées. A partir de la sixième colonne seulement le genre de décoration change. Plus alors de réminiscence de l'art roman. Les bases des colonnes ont de larges moulures aplaties et comme écrasées par le poids qu'elles supportent ; elles ont conservé, sans doute, leur forme carrée, les griffes de leurs angles ; mais c'est uniquement par raison de symétrie, pour ne pas changer une forme adoptée dans la plus grande partie de l'édifice. Les chapiteaux ont un galbe plus gracieux, quoique leur ornementation soit beaucoup plus simple et composée presque exclusivement de feuilles recourbées en crochets. Les tailloirs sont carrés par la même raison qui a fait adopter cette forme pour les bases ; mais ils ne sont plus creusés sur les tranches. Les arcs enfin sont franchement et constamment dessinés en ogive.

D'où viennent ces différences d'ornementation dans le prolongement du chœur, prolongement qui appartient pourtant tout entier à la même époque ?

De ce que, par mesure d'économie, on employa, tout d'abord, dans la nouvelle bâtisse les matériaux de l'ancienne abside circulaire. Il suffit, pour s'en convaincre, d'examiner les chapiteaux des grosses colonnes

---

(1) On remarquera, en particulier, dans la galerie de la quatrième travée presque au-dessus de l'orgue du chœur, un chapiteau historié représentant entre des branchages un homme courbé en deux et un perroquet qui le regarde d'un air goguenard.

de la quatrième et de la cinquième travée de chaque côté. Les tailloirs ou abaques de ces chapiteaux, au lieu d'être parfaitement carrés, sont cintrés, c'est-à-dire terminés sur deux de leurs faces par des lignes courbes disposées de telle sorte que le côté, qui regarde le chœur, est concave, tandis que l'autre, celui qui regarde le collatéral, est convexe. Une semblable forme indique évidemment que ces chapiteaux furent taillés primitivement pour servir non à des colonnes rangées en ligne droite, mais bien à une partie de l'édifice élevée sur plan circulaire.

2. — Ancien Jubé. — Grilles. — Stalles. — Sanctuaire, etc.

1. *Jubé*. Le chœur était jadis fermé en avant par un *Jubé* (1), sous lequel s'ouvrait la porte principale appelée « Porte spécieuse — *Porta speciosa* ». Cette porte, ainsi que deux autres placées sur les côtés, et les grilles dorées qui entouraient le sanctuaire, étaient, paraît-il, des œuvres de serrurerie très remarquables, des morceaux achevés.

De chaque côté du jubé se dressaient deux beaux autels, revêtus de marbres précieux et ornés de statues de la Sainte Vierge et de saint Remi, sculptées au

---

(1) De quelle époque était ce Jubé ? Melleville dit « qu'il était d'assez mauvais goût et dans le style du XVII° siècle » (Histoire de Laon, tome I, pag. 120). — Le sieur de Moléon, au contraire, dans son Voyage liturgique (Laon, page 499), le place parmi les Jubés de la période ogivale existant encore vers le milieu du XVIII° siècle — Voir Cours élémentaire d'archéologie religieuse — Mobilier, par M. l'abbé J. Mallet, page 311.

siècle de Louis XIV et que l'on tenait pour des chefs-d'œuvre. L'autel de droite, dédié à la Très Sainte Mère de Dieu, était celui que les plus anciens documents appellent « l'*Autel de l'Image* ».

On voyait enfin, au-dessus du jubé, un *Crucifix* de taille gigantesque, devant lequel était suspendue la grande couronne de lumières, qui descendait des hauteurs de la lanterne. Tous ces objets précieux furent détruits à la Révolution.

2. *La grande grille*. Aujourd'hui le chœur est fermé par une haute et large *grille en fer*, style Louis XV. Devenue la propriété du séminaire de Soissons lors de la suppression de l'abbaye de Villeneuve-Saint-Germain (1), en 1770, elle fut cédée à la cathédrale de Laon en 1806 et posée au mois de juillet 1807(2). Enlevée en 1864 pour la cérémonie du sacre de Monseigneur Dours, évêque de Soissons et Laon (3), elle a été replacée une deuxième fois au cours de l'année 1887.

Travail très remarquable en son genre, cette grille, avec ses lignes tourmentées et ses ornements en tôle repoussée, ne s'harmonise guère, il faut l'avouer, avec le style de la cathédrale ; aussi les puristes qui l'avaient vu disparaître avec plaisir, furent-ils désagréablement surpris de la voir se redresser d'une façon qui, cette fois, semble définitive.

(1) Près de Soissons.
(2) Date gravée sur deux petites plaques de métal, trouvées en 188- dans la maçonnerie qui soutenait primitivement la grille.
(3) Monseigneur Dours fut évêque de Soissons et Laon de 1864 à 1876.

3. *Les stalles.* Le chœur était autrefois entouré, comme le prouve encore présentement la mutilation des chapiteaux, de *stalles* (1), *de boiseries*, et de cloisons sculptées sur lesquelles on voyait entre autres sujets, dit Devismes (2), « les principales circonstances de l'exorcisme de Nicole de Vervins. » Toutes ces boiseries furent brulées sur la place du Bourg pendant l'orage révolutionnaire. Les *stalles* actuelles, au nombre de 94, disposées sur deux rangs de chaque côté, proviennent en très grande partie — 60 — de l'abbaye des Célestins de Villeneuve-Saint-Germain « supprimée en 1770 et dont les biens avaient été donnés à l'évêché, au séminaire, au collége et à la communauté des prêtres de Saint-Waast. » (3). Simples et de bon goût, quoique d'un style tout autre que celui de l'église, ces stalles furent cédées à la cathédrale et placées en 1806.

4. *Orgue.* Dans la troisième travée du chœur se trouve, depuis environ cinquante ans, l'*orgue d'accompagnement* dont le buffet n'a absolument rien de remarquable.

5. *Sanctuaire.* Le sanctuaire, qui commence à la sixième travée et se termine avec la neuvième (la dixième et dernière servant de passage entre les deux bas-côtés), est entièrement entouré de grilles en fer

---

(1) Ces stalles auraient été faites par un Laonnois nommé Cury. (Fleury. Clergé de l'Aisne pendant la Révolution).

(2) Histoire de Laon, tom. II, pag. 7.

(3) Etat religieux ancien et moderne du diocèse de Soissons et Laon par M. le chanoine Ledouble, secrétaire général de l'évêché, (pag. 60).

forgé, d'un dessin un peu uniforme peut-être, mais parfaitement adapté au style de l'édifice. Commencée en 1874, terminées en 1879 par la pose des portes latérales du chœur, ces grilles sont surmontées d'une série de bobèches destinées à recevoir des cierges, qui forment autour de l'autel, aux jours des grandes solennités, une magnifique ceinture de lumières (1).

La table de communion, conçue et exécutée sur le même modèle, a été posée au cours de l'année 1889.

6. *Pavage.* Dans le sanctuaire et le chœur, *lieu de épulture des évêques de Laon* depuis le milieu du XIIIe iècle, il y avait autrefois de nombreuses pierres tombales ; elles ont toutes disparu sauf une, celle de Monseigneur de Clermont, qui a été transportée dans le transept (2).

Le *pavage* actuel, en marbre de plusieurs couleurs et à dessins réguliers (losanges blancs encadrés de noir dans le sanctuaire, losanges noirs encadrés de blanc dans le chœur), a été posé il y a environ cinquante ans.

7. Le *Maître-Autel*, quoique d'assez grandes dimen-

---

(1) Une petite plaque en cuivre placée sur la porte latérale du chœur rappelle que cette grille fut faite sous la direction de M. Boëswilwald, par M Evraert, serrurier à Paris.

(2) Cette pierre tombale, en schiste ardoisier, est très simple. Elle ne contient que les armoiries du prélat et l'inscription suivante : « Hic jacet Illust. et Reverend. in Christo Pater D. D. Ludovicus Annetus de Clermont de Chaste, Episcopus Dux Laudunensis, secundus Franciæ Par, Anisiaci comes, Vir dignitate, animi robore, humanitate di... zelo, in clerum studio, charitate in omnes spectabilis.... qui pastorali muneri per 26 annos.... obiit die 5ᵃ octobris 1721. Requiescat in pace. »

sions et fait d'un assemblage de marbres de diverses couleurs, n'a aucune valeur artistique. C'est une de ces œuvres sans caractère, qu'a produites en si grand nombre le commencement de notre siècle ; heureusement, il disparaîtra un jour, bientôt, nous l'espérons, grâce à la libéralité d'une généreuse Laonnoise, Mme Milon de Martigny, qui a légué à la Fabrique la somme nécessaire pour le remplacer par un autel monumental et plus en rapport avec le style et l'imposante grandeur de la cathédrale.

II. *Le Chevet*.

1. Le chœur se termine, avons-nous dit plusieurs fois, par un *mur plat* percé de trois grandes lancettes, encadrées par des arcades, dont les archivoltes fortement moulurées retombent sur des faisceaux de colonnettes faisant office de contreforts. Ces arcades sont assez profondes pour qu'on ait pu, au moyen-âge, installer de petits autels entre leurs pieds-droits, et elles forment sur le mur du fond une saillie qui a permis d'établir au-dessus d'elles un passage mettant en communication les deux galeries ou tribunes latérales. Une balustrade en bois, plus que simple, sert de garde-fou à ce passage.

Au-dessus des trois lancettes s'épanouit une grande et belle rose semblable à celle de la façade occidentale (1).

---

(1) Une large boiserie occupe la partie inférieure du chevet. Nous en dirons quelques mots lorsque nous étudierons les chapelles qui entourent le chœur.

2. Les antiques *vitraux*, dont le moyen-âge avait orné ces ouvertures, ont été conservés à peu près intacts malgré certaines restaurations et divers accidents dont ils furent victimes, notamment en l'année 1870, comme nous l'avons vu plus haut dans l'aperçu historique qui précède cette description (page 46).

Composition des plus remarquables et pouvant soutenir la comparaison avec les spécimens les plus vantés de la peinture sur verre au XIIIe siècle, ces vitraux forment *quatre immenses tableaux consacrés à la gloire de la Très Sainte Vierge, titulaire de la cathédrale.*

Etudions d'abord les lancettes.

A. — Les lancettes.

Elles se composent d'une série de médaillons placés deux par deux et présentent une suite de sujets qui se succèdent de bas en haut.

« Chacune de ces trois verrières, dit M. de Florival, dans la magistrale étude qu'il leur a consacrée (1), a neuf mètres neuf centimètres de hauteur sur un mètre quatre-vingt-dix centimètres de largeur.... Les voussures qui les enserrent, forment de larges ombres qui entourent et tempèrent leurs brillantes couleurs et sont comme le cadre de ces tableaux qui, à certaines heures, ont l'éclat, le chatoiement des pierres précieuses. »

Les couleurs dominantes sont le bleu et le rouge.

---

(1) « Les Vitraux de la cathédrale de Laon, par A. de Florival et E. Midoux. »

« Chaque panneau a soixante-sept centimètres de hauteur sur soixante-cinq centimètres de largeur. La bordure, large de vingt et un centimètres, est composée d'une double ligne blanche et bleue et, dans le milieu, d'un décor feuillagé bleu, rouge, vert, jaune et blanc, dont le tracé aux gracieux contours le dispute à la finesse et à la richesse du coloris. Les intervalles des médaillons sont remplis par des ornements tréflés circonscrits dans des rosaces quadrilobées ».

« Le rayonnement de ces vitraux, l'harmonie et le prestige des couleurs ne sauraient guère être surpassés ; c'est bien là une des belles œuvres de ce XIIIe siècle où l'art hiératique a, dans tous les genres, atteint son apogée. »

Quant au dessin, ajouterai-je avec M. de Florival, « bien que déjà plus assuré qu'au siècle précédent, il présente encore des incorrections ; il n'offre habituellement que de simples traits et, en dehors du plomb, il n'y a, pour donner un peu de relief aux figures, que des hachures en général peu accusées. Le peintre verrier se préoccupant de l'effet de sa composition à une grande distance, a, plus d'une fois, sacrifié les détails à l'ensemble, la forme au fond, s'attachant surtout à produire l'harmonie des couleurs. »

Voici, en quelques lignes, les sujets représentés sur les vitraux.

I. Lancette de droite.

1. Médaillon (à partir du bas) : l'*Annonciation*. Personnages : la Sainte Vierge, l'archange Gabriel

et, un peu au-dessus d'eux, le Saint-Esprit sous la forme d'une colombe nimbée.

2. La *Visitation* : La Sainte Vierge et Ste-Élisabeth debout s'embrassent. Derrière elles, une des femmes qui accompagna la mère de Dieu pendant son voyage.

3. La *Nativité* de Notre Seigneur. La Sainte Vierge est couchée sur un lit ; l'Enfant Jésus est sur les bras d'une femme, et saint Joseph, assis au pied du lit.

4. Une femme prend de l'eau et donne *les premiers soins à l'Enfant Jésus*. Saint Joseph assis et les mains appuyées sur un bâton, assiste à cette scène.

5. *Un ange annonce aux bergers la naissance* du Sauveur.

6. Complément de la scène précédente. Deux bergers sont représentés appuyés sur leurs houlettes et entourés de moutons.

7 et 8. *Adoration des Mages*. La Sainte Vierge assise tient sur ses genoux l'Enfant Jésus. Les mages couronnés offrent leurs présents. Un homme de leur suite tient leurs chevaux par la bride.

9 et 10. La *Présentation de Notre Seigneur* au temple et la *Purification* de la Très Sainte Vierge. La prophétesse Anne tient Jésus entre ses bras et le présente au vieillard Siméon. Marie est auprès de Siméon ; d'une main elle tient deux cierges, de l'autre deux petits agneaux.

11. *La toison de Gédéon*, image symbolique de l'Immaculée Conception et de la maternité virginale de la Très Sainte Vierge. Gédéon, habillé en guerrier du

moyen-âge, invoque le Seigneur, placé dans les nuages, et obtient, comme preuve de sa mission, une rosée miraculeuse.

12. Le *Buisson ardent*, autre figure de la Sainte Vierge. Moïse, en costume de berger et entouré de

moutons, est assis devant un arbuste dont le feuillage est entremêlé de flammes, au milieu desquelles Dieu apparait portant un livre.

Ces deux derniers médaillons ont été placés auprès de ceux qui représentent la Purification, pour rappeler que la maternité de Marie ne ressembla en rien à celle des autres femmes et que, si cette glorieuse Vierge s'est soumise à la loi de la Purification, c'était pour éviter le scandale et non pour se purifier d'une souillure légale qu'elle n'avait point contractée, étant demeurée vierge « *anté partum, in partu et post partum.* »

13 et 14. *La fuite en Egypte.* Saint Joseph porte l'Enfant Jésus qui tend les bras vers sa mère assise sur un âne. Cet âne est conduit par un homme qui porte en même temps un petit baril. Un autre personnage, une femme, accompagne la Sainte Famille dans son exil.

15. Les *Mages* couchés *reçoivent la visite d'un Ange* qui les avertit de ne pas repasser par Jérusalem.

16. *Ils retournent* dans leur pays, montés sur des chevaux.

17. Le prophète *Daniel*. Son nom est écrit sur un rouleau. Il est assis sous une colonnade supportant un rideau relevé. Daniel figure ici, en face des idoles renversées du médaillon suivant, parce qu'il annonça en termes précis la date de la naissance du Messie et la destruction de l'idolatrie et du règne de Satan : « Dieu a abrégé le temps à soixante-dix semaines en faveur de votre peuple... afin que les prévarications soient abolies, que le péché trouve sa fin, que l'ini-

quité soit effacée, que la justice éternelle vienne sur la terre... » (1).

18. *Les idoles renversées* à l'arrivée de Jésus en Egypte : « *Commovebuntur simulacra Ægypti à facie ejus.* » (2). Ces idoles sont représentées par deux statues nues et couronnées, partagées en morceaux et tombant de leurs autels.

19. *Sacrifices d'Abel et de Caïn*. Les deux frères s'approchent d'un autel sur lequel brûle le feu du ciel. Abel présente un agneau, Caïn une gerbe. Abel paraît ici comme figure du divin Sauveur persécuté et mis à mort par ses frères, ses compatriotes, les Juifs.

20. La *Présentation de la Sainte Vierge* au temple de Jérusalem. Un prêtre reçoit Marie présentée par ses parents, Joachim et Anne. Plusieurs personnes les accompagnent. Sur le côté, on voit des animaux destinés au sacrifice.

21 et 22. Hérode, assis sur un trône, commande le *massacre des Innocents* ; auprès de lui des guerriers, armés d'épées, se préparent à exécuter ses ordres.

23 et 24. *Deux anges* enveloppés de nuages ; l'un tient un encensoir, l'autre des vases d'or d'où s'échappent des flammes.

---

(1) Septuaginta hebdomades abbreviatæ sunt super populum tuum et super urbem sanctam tuam, ut consummetur prævaricatio, et finem accipiat peccatum, et deleatur iniquitas et adducatur justitia sempiterna,.... (Daniel. IX. 24) « In Christo finem accepit peccatum,... quia Christus nobis cœlum aperuit, *sustulit idololatriam*, diabolum superavit.... » (Cornel. à Lapid., tom. XIII, pag. 117)

(2) « Le Seigneur entrera dans l'Egypte et les idoles de l'Egypte seront ébranlées devant sa face. » (Isaïe, XIX. 1.).

2. Lancette du milieu.

C'est la plus remarquable des trois : « Les couleurs sont plus vives et en même temps plus fondues, plus harmonieuses, plus riches. La main est plus habile, plus sûre d'elle-même.... On y admire ce faire si large et en même temps si étudié de ces artistes qui semblaient, si grande était leur modestie, s'ignorer eux-mêmes. » (1).

Cette fenêtre est divisée en cinq grands médaillons circulaires entremêlés de cinq autres quadrilobés et plus petits. Les sujets représentés sont plusieurs circonstances de la Passion de Notre Seigneur, sa Résurrection et son Ascension, causes des inénarrables douleurs et des joies de la Très Sainte Vierge.

1. La première scène est celle de l'*Entrée triomphante Jésus à Jérusalem*. Le Sauveur est assis sur un âne; les apôtres, qu'on reconnait aux livres qu'ils portent, l'accompagnent. Un homme étend sur le chemin le vêtement dont il vient de se dépouiller. Les habitants de la ville et les enfants regardent avec admiration.

2. *La Cène*. Jésus-Christ est assis à l'extrémité de la table et tient une coupe. Les apôtres debout s'approchent pour communier. Saint Jean est prosterné. Judas, dépouillé du nimbe, est assis à part; il porte la main sur l'un des plats et cache sa bourse derrière le dos.

3. *Jésus lave les pieds de ses apôtres*. Saint Pierre, qui

---

(1) Les Vitraux de la Cathédrale, par M. de Florival.

semble vouloir résister, présente enfin son pied déchaussé. Les apôtres sont au nombre de treize.

4. L'*Agonie de Notre Seigneur* au jardin des Oliviers. Jésus est accablé de tristesse. Un ange vient le soutenir. Les apôtres sont étendus dans des attitudes diverses.

5. *Jésus est trahi par Judas*, qui le désigne à ses ennemis en lui donnant un baiser. Le Sauveur est entouré de soldats. Saint Pierre tire le glaive pour défendre son Maître.

6. *Jésus-Christ devant le Grand Prêtre*. Celui-ci est assis; un diable lui parle à l'oreille.

7. *La Flagellation*. Le Sauveur est lié à une colonne et frappé de verges par les bourreaux.

8. *Jésus, chargé de sa croix, monte au Calvaire*. Les bourreaux, portant les instruments nécessaires au crucifiement, marchent en tête; viennent ensuite les saintes Femmes et enfin le Sauveur portant la Croix avec l'aide de Simon le Cyrénéen.

9. *Jésus crucifié*. La Sainte Vierge et saint Jean sont debout auprès de la croix.

10. *Jésus mis au tombeau*. Le corps du Sauveur, étendu sur un linceul, est embaumé par ceux qui lui sont restés fidèles. La Sainte Vierge assiste à cette scène douloureuse.

11. *Jésus-Christ ressuscité* apparaît à sainte Marie-Madeleine.

12. Les *saintes femmes viennent au sépulcre*. Elles trouvent un ange assis sur la pierre, et à ses pieds, les gardes endormis.

13. *Saint Pierre et saint Jean au sépulcre.* Une des saintes femmes, qui les ont avertis de la résurrection de leur divin Maître, leur montre le tombeau vide. Saint Pierre incliné regarde attentivement le linceul.

14. *Apparition de Jésus ressuscité aux deux disciples d'Emmaüs.* Tous les trois marchent appuyés sur des bâtons.

15. Les *disciples d'Emmaüs reconnaissent* à la fraction du pain *le Sauveur* qui aussitôt disparaît à leurs regards.

16. *L'Ascension.* Jésus-Christ s'élève dans les cieux, une croix à la main. Deux anges, tenant des banderoles, l'adorent. Au-dessous, sur la terre, la Sainte Vierge et les disciples le suivent du regard.

17. Au-dessus de Jésus-Christ montant aux cieux, se trouvent *des anges qui l'encensent* en signe de respect et d'adoration.

3. Lancette de gauche.

Comme celle de droite, cette lancette renferme vingt-quatre médaillons. Les six premiers, à partir du bas, représentent le martyre de saint Etienne (1) ; les autres, la légende (2) du vidame (3) Théophile, sauvé de la damnation par une intervention particulière de la Très Sainte Vierge.

---

(1) Act. des Apôtres. VI et VII.
(2) Légende dorée. Jacques de Voragine. — Fête de la Nativité de la Sainte Vierge.
(3) Vidame, dignitaire chargé d'administrer et de défendre le temporel d'un évêché.

Le Martyre de saint Etienne :

1. Premier médaillon. *Saint Etienne, élu diacre,* est figuré debout entre deux apôtres, dont l'un semble lui parler et lui faire voir l'importance de ses fonctions (Ordination de saint Etienne).

2. *Saint Etienne discute avec les Juifs.* Il se tient debout en face du prince des prêtres ou d'un docteur assis.

3. *Saint Etienne devant le Conseil.* Il est debout entre deux gardes en face du tribunal du prince des prêtres.

4. *Les Juifs se jettent sur saint Etienne,* injustement condamné, le tirent par les cheveux et le traînent hors de la ville de Jérusalem.

5 et 6. *Supplice du Saint martyr.* A droite, saint Etienne agenouillé et priant les mains jointes. Derrière lui, de nombreux Juifs ; les uns, les faux témoins qui l'ont accusé, lui jettent les premières pierres ; les autres, parmi lesquels est un cavalier, regardent et semblent causer avec un homme assis qui n'est autre que Saul, aux pieds duquel les témoins ont déposé leurs vêtements.

Légende de Théophile.

7. *Théophile, jouissant de la confiance de son évêque,* est assis à sa droite et semble converser avec lui et avec un troisième personnage placé à la gauche du prélat (1).

(1) Je dois la détermination précise de plusieurs sujets des médaillons suivants à l'extrême obligeance de M. de Florival, qui a bien voulu me communiquer quelques-unes des notes qui ont servi à l'achèvement de sa remarquable étude sur les Vitraux de la cathédrale. Qu'il daigne agréer ici l'expression de ma profonde reconnaissance.

8. *Disgrâce de Théophile.* L'évêque est sur son trône ; il renvoie Théophile, que l'on voit s'éloigner ; un autre personnage a déjà pris sa place à la droite de l'évêque.

9. *Théophile, furieux et désespéré, a quitté le palais de l'évêque.* Des diables apparaissent sur la gauche. Le premier tient une sorte de parchemin, celui que devra bientôt signer le renégat ; l'autre porte un escabeau sur lequel s'assiéra Satan pendant l'évocation qui va avoir lieu. Au bas du médaillon on lit le nom du vidame : TIOFILUS.

10. *Théophile s'abouche avec un juif* qui lui promet, moyennant finances, de le mettre en rapport avec Satan.

11. *Le juif* tient sur ses genoux un livre qui renferme, sans doute, des formules de sorcellerie, et *évoque le démon* qui apparaît à Théophile effrayé et lui promet de le faire rentrer en faveur auprès de l'évêque.

12. *Théophile renonce à Jésus-Christ* entre les mains de Satan. Le juif présente un parchemin sur lequel le malheureux vidame va écrire et signer de son sang l'acte de renonciation et d'apostasie.

13. *Théophile, rentré en faveur*, distribue l'or que lui fournit un démon placé auprès de lui.

14. *Il reçoit les hommages et les présents* (figurés par un poisson) des vassaux de l'évêque.

15. « Des ouvriers construisent une église dont l'édification, dit M. de Florival, paraît symboliser l'état de l'âme de Théophile en proie au remords et

dont la conversion se prépare. » — Ne pourrait-on voir aussi dans cette scène, comme dans les deux précédentes, Théophile exerçant ses fonctions de vidame et surveillant en cette qualité la construction d'une église ?

16. *Théophile entre dans l'église*, peut-être dans celle qu'il a fait bâtir, et revient à de meilleurs sentiments.

17. Pleurant sa criminelle apostasie, *il se prosterne devant une statue de la Mère de Dieu* et la supplie de lui venir en aide.

18. *La Sainte Vierge lui apparaît* et lui ordonne de renoncer à Satan ; il le fait.

19. Accompagnée d'un ange, *Marie se rend auprès de Satan*. Elle le frappe avec une croix et lui arrache l'acte par lequel Théophile s'était donné à lui.

20. Puis apparaissant de nouveau au vidame, *elle lui rend le criminel écrit* comme témoignage du pardon qu'elle a obtenu pour lui.

21. *Théophile*, plein de joie, *va raconter à l'évêque* ce qui lui est arrivé, et lui remet l'acte d'apostasie.

22. *L'Evêque abaisse son bâton* sur Théophile comme signe du pardon qu'il lui accorde.

23. *L'Evêque et Théophile*, du haut d'une tribune, *racontent au peuple*, réuni dans l'église, *la conversion* miraculeuse obtenue par l'intercession de Marie.

24. Au bout de trois jours *Théophile meurt* et est enseveli.

B. — La Rose.

La grande rose qui surmonte les lancettes, mesure

dix mètres environ de diamètre. Elle est consacrée à la glorification, au triomphe de la Très Sainte Vierge.

Les murs qui l'entourent, étaient autrefois ornés de peintures ; l'horrible badigeon les a recouvertes.

Cette rose est divisée, comme celle du grand portail, en un fleuron central entouré de médaillons.

1. Dans le fleuron central, la *Très Sainte Vierge* est représentée assise sur un trône, couronnée et tenant d'une main l'Enfant Jésus, de l'autre une fleur, « la rose mystique de couleur rouge ». A droite et à gauche, des *anges* s'inclinent, les mains jointes, dans l'attitude du respect et de l'admiration. Au-dessus de la Sainte Vierge, deux autres anges agitent des encensoirs. Au-dessous, à droite, on voit le prophète *Isaïe* qui annonça si clairement que le Messie devait naître d'une Vierge ; il regarde l'Enfant Jésus et sa mère, et tient de la main gauche une banderole portant son propre nom. A gauche, c'est saint *Jean-Baptiste* tenant entre ses mains l'Agneau de Dieu entouré d'une auréole.

2. Le premier cercle, qui touche le fleuron central, renferme douze médaillons. *Les apôtres* y sont représentés assis sur l'arc-en-ciel, les pieds nus et la tête ornée du nimbe. De la main droite ils tiennent un volumen ou banderole sur laquelle leur nom est écrit ; de la gauche, ils portent un livre ou font le geste d'un orateur qui parle. Contrairement à ce qui se voit d'ordinaire, ils ne sont pas placés suivant l'ordre des préséances en vigueur au moyen-âge ; ainsi la première place, le médaillon du haut, est occupé par

saint Jacques; vient ensuite, à la gauche du spectateur, saint Barnabé, et seulement après lui saint Pierre, puis saint Philippe, saint Thaddée, saint Simon. Saint Barthélemi occupe le médaillon inférieur. A gauche de saint Jacques (droite du spectateur) on voit d'abord saint André, puis saint Jude, saint Paul, saint Jean et enfin saint Mathieu. — Saint Thomas, l'un des deux saints Jacques, et saint Mathias, qui fut élu à la place de Judas, ne figurent pas dans cette galerie des membres du Collège apostolique; ils sont remplacés par saint Paul, par saint Barnabé et par le portrait deux fois répété du même personnage, saint Jude, qui figure sous ce nom et sous celui de Thaddée. D'où viennent ces incorrections? Probablement de l'inattention ou de l'ignorance des peintres verriers appelés à réparer quelques médaillons détériorés.

3. Le second cercle de la rose comprend vingt-quatre médaillons.

Les personnages représentés sont les *vingt-quatre vieillards de l'Apocalypse*.

Tous sont assis, comme les apôtres, sur des arcs-en-ciel. Leurs têtes sont couronnées, leurs pieds chaussés, et tous tiennent d'une main une fiole, de l'autre, un instrument de musique.

Les uns paraissent âgés; ils portent la barbe; les autres sont jeunes et imberbes, pour figurer ou les saints de l'Ancien Testament et ceux du Nouveau, ou la glorification dans le ciel des personnes de tout sexe et de tout âge.

Dans cette composition, l'artiste s'est inspiré des textes suivants de l'Apocalypse : « Autour de ce trône (le trône de Dieu) il y en avait vingt-quatre autres, sur lesquels *étaient assis vingt-quatre vieillards*, vêtus de robes blanches avec des *couronnes d'or* sur leurs têtes. » (IV. 4.) — « Et les vingt-quatre vieillards.... avaient des *harpes* et des *coupes d'or*, pleines de parfums, qui sont les prières des saints. » (V. 8.)

Chaque personnage, avons-nous dit, porte une fiole et un instrument de musique. Toutes les fioles se ressemblent ; il n'en est pas de même des instruments de musique ; on en distingue de cinq sortes : onze vielles, six rotes, quatre harpes, deux tambourins et un psaltérion (1).

III. — *Les chapelles du chœur.*

Le chœur, comme la nef, est accompagné de nombreuses chapelles, élevées les unes au XIIIe, les autres au XIVe siècle. Il y en a huit du côté de l'Evangile, quatre au chevet, cinq et la sacristie du côté de l'Epitre.

1. Chapelles du côté de l'Evangile. — Nord.

1. *La première chapelle*, construite sur un plan à peu près carré, dans l'angle formé par la rencontre du chœur et du transept, appartient au commencement

---

(1) Voir l'étude sur les Instruments de musique, que M. de Florival a ajoutée au premier volume de son ouvrage : Les Vitraux de la cathédrale de Laon.

du XIIIᵉ siècle. Quelques auteurs pensent que cette chapelle était celle de la Madeleine, dans laquelle les chapelains de la cathédrale tenaient leurs assemblées.

Plus vaste que les autres, elle s'ouvre sur deux travées du collatéral, et se compose elle-même de deux travées dans le sens de la longueur et de deux dans le sens de la largeur. Deux portes la mettent en communication avec le bas-côté ; la première, ornée d'antiques ferrures de la première période ogivale (1); la seconde, percée dans une devanture semblable à celles que nous avons vues dans la nef.

Cette grande chapelle ne reçoit directement la lumière de l'extérieur que par une seule fenêtre. Les nombreuses nervures de sa voûte s'appuient, d'une part, sur des culs-de-lampe diversement décorés, de l'autre, sur une belle colonne fièrement dressée au milieu et semblable à un chêne altier couvert de sa puissante ramure.

Sur la devanture se trouve la première station du *Chemin de la Croix*, érigé le 14 avril 1889 par M. le Vicaire général Mignot, archidiacre de Laon (2). Cette station et les suivantes, d'un style absolument conforme à celui de la cathédrale, se composent chacune d'une croix en bois, recouverte de bronze doré, sur laquelle est appliquée un large médaillon quadrilobé représentant une scène particulière de la voie douloureuse. Le fond de chaque tableau ou médaillon

---

(1) Elle est actuellement en réparation.
(2) Aujourd'hui (1890), évêque de Fréjus et Toulon.

est en émail bleu. Les personnages, au nombre de trois ou quatre seulement dans chaque scène, sont dessinés en traits noirs sur bronze doré.

A l'intérieur de cette chapelle, deux pierres différentes, de petites dimensions, offrent la curieuse inscription que voici :

« *Je vous requiers très humblement,*
« *Vous tous qui passez par icy,*
« *Que vous dictes dévotement :*
« *Robert, Dieu te face mercy* (1).
« *Quisquis ades, tu morte cades;*
« *Sta, respice, plora;*
« *Sum quod eris; modicum cineris.*
« *Pro me, precor, ora.* » (2).

2ᵉ *Chapelle.* — On remarque sur la devanture, au-dessus de la porte, la petite figure assez expressive d'un enfant qui crie et pleure.

A l'intérieur, au bas de la fenêtre, un reste de vitrail antique représente le *martyre de saint Laurent.* Le saint est étendu sur un gril ; autour de lui se trouvent le juge, qui préside au supplice, et les bourreaux, qui attisent le feu.

Le pavé a conservé plusieurs des nombreux *carreaux émaillés,* qui se trouvaient autrefois dans les chapelles,

---

(1) « *Dieu te fasse miséricorde* ». Sur l'une des deux pierres, à la suite des quatre vers précédents, on lit ces mots :

« *Et trespassa le XIIII (Apvril) M. Vᵒ (XLI) (1541).* »

(2) « Qui que tu sois qui viens ici, tu tomberas frappé par la mort. — Arrête-toi, regarde, pleure ; — Je suis ce que tu seras ; Un peu de cendre. — Je t'en conjure, prie pour moi. »

et sur lesquels étaient figurés des carrés, des losanges, des fleurs de lis, des animaux, etc., etc.

La pierre à clous. — On voit encore dans cette chapelle, « la *pierre à cleus* — *pierre à clous* », classée jadis parmi les « sept merveilles » ou curiosités de la ville de Laon.

Cette pierre à clous est un grès à peu près carré, mesurant environ soixante-dix centimètres de côté et sur lequel se trouvent quelques trous peu profonds.

D'après une légende, populaire encore dans le Laonnois, il aurait servi, au moyen-âge, à l'une de ces épreuves employées fréquemment alors pour découvrir la culpabilité ou l'innocence d'un accusé. Voici en quelles circonstances : Le chapitre de Laon ayant décidé, en 1335, de lever une taxe insolite sur vingt-cinq villages, dont la seigneurie lui appartenait, les habitants se coalisèrent et résolurent de résister par la force. Les commissaires, envoyés pour percevoir cet impôt, furent repoussés d'une manière injurieuse et obligés, pour sauver leur vie, de se réfugier à Laon ; mais, étant revenus ensuite avec une troupe bien armée, ils usèrent de représailles et exécutèrent quelques habitants. Or, parmi les habitants accusés d'avoir pris part à la rebellion, se trouvaient trois frères, maires des trois villages du Laonnois : Barenton-Bugny, Barenton-Cel et Barenton-sur-Serre. Ils allaient, suivant les uns, être conduits au supplice lorsqu'ils prouvèrent leur innocence en enfonçant des clous dans un bloc de grès. Suivant d'autres, ils avaient été mis à mort injustement ; mais leur mère, voulant réhabiliter leur mémoire et montrer qu'ils n'étaient pas coupables, aurait elle-même enfoncé dans la pierre des clous qui y auraient pénétré sans difficulté et laissé des empreintes bien visibles (1).

3ᵉ Chapelle. — Cette chapelle, que Fleury pense avoir été celle du cardinal Louis de Bourbon, à cause des fleurs de lis qui la décorent, est fermée par une devanture couverte d'inscriptions louant, préconisant la noblesse et la puissance du travail.

Sur le haut de l'entablement (sur la corniche) c'est le distique suivant :

« *Cui Labor æternam vitam dedit Ipse videtur*
« *Signasse ut benè sit nonne Laboris opus.* » (2)

Autour du cintre de la porte, c'est un extrait des Géorgiques de Virgile, suivi d'une sentence qui complète l'éloge fait par le poète latin :

. . . . « *Labor omnia vincit*
« *Improbus et duris urgens in rebus egestas.*
« — *Nil tàm difficile est quin quærendo*
« *investigare possit.* » (3)

---

(1) Dans cette chapelle et dans toutes les autres du même côté du chœur, les nervures des voûtes reposent du côté du collatéral sur des colonnettes annelées, qui ont évidemment appartenu à une construction antérieure.

(2) « Celui qui par de rudes labeurs s'est procuré la vie éternelle, ne « paraît-il pas avoir montré par là toute la valeur du travail ? »

(3) — « Un travail opiniâtre et l'aiguillon pressant de l'adversité triomphent « de tous les obstacles. »

« Il n'est rien de si difficile que ne puisse résoudre un travail attentif. »

Vers le haut du soubassement, d'un côté et de l'autre de la porte, on lit ces mots :

. . . . « *Nil sine magno*
« *Vita labore dedit mortalibus.* » (1)

Cette chapelle fut entièrement peinte à l'intérieur et elle conserve encore de nombreuses traces de sa décoration primitive. Sur les murs, sur les pieds droits et les colonnes, ce sont des fleurs de lis jaunes, des feuilles vertes, de petites fleurs blanches ; sous les deux arcatures, ce sont de beaux *portraits de Notre Seigneur et de la Sainte Vierge*, attribués à la seconde moitié du XVIe siècle et remarquables non-seulement par leur conservation, mais surtout par le genre, le style et la perfection du travail. Ces figures, comme l'ensemble de la décoration de cette chapelle, ont été peintes à l'huile : « C'est, dit Fleury (2), le seul exemple, je crois, dans nos contrées et jusqu'à présent connu, de l'emploi de la couleur à l'huile dans les tableaux que la peinture de piété a déposés sur les murailles de nos églises. »

Les *autres chapelles* du même côté n'offrent rien de particulier, sauf la sixième, qui porte gravée sur sa devanture la date de 1575, et la huitième et dernière, qui n'a pas de portique ou balustrade.

2. — Chapelles du chevet.

1. Le bas-côté ou collatéral Nord se termine par

---

(1) «La vie n'a jamais rien procuré aux mortels sans un pénible labeur.»
(2) Cinquante ans de l'Histoire du Chapitre de Notre-Dame de Laon, page 219.

un *enfoncement carré, entouré d'arcatures* et éclairé par une fenêtre de moyenne grandeur. Cette fenêtre vient (1891) d'être ornée d'un beau vitrail rappelant les principales circonstances de la *vie de saint Remi*, fondateur de l'évêché de Laon.

Deux inscriptions, placées dans les angles du bas, font connaître, l'une le motif, l'autre la date de la donation de cette verrière :

« Hommage et reconnaissance des époux D.-T. » (1)
« L'an de grace mdccclxxxx (1890) ».

Voici, en commençant par le bas et en allant de gauche à droite, les sujets représentés :

1. *Vision du saint solitaire Montain* ou Montan (2). La Sainte Vierge lui annonce qu'il sera guéri de sa cécité par Remi encore enfant.

2. *Saint Remi,* sur les bras de sa mère sainte Célinie, *rend la vue au pieux solitaire.*

3. *Deux voleurs veulent tuer saint Remi* en prière. Ils lèvent la hache pour le frapper.

4. *Une lumière céleste paraît au-dessus de saint Remi* et met en fuite les deux brigands.

5. *Un évêque vient chercher saint Remi pour le faire sacrer.*

6. *Saint Remi sacré* évêque de Reims.

7. *Saint Remi délivre un jeune homme possédé du démon.*

---

(1) M. et Mme Deuil-Turquin.
(2) Saint Montain, solitaire à La Fère, vers l'an 460.

8. *Sainte Clotilde en prière,* pendant que Clovis combat les Allemands.

9. *Bataille de Tolbiac.*

10. *Saint Remi baptise Clovis.* Une colombe apporte la Sainte Ampoule.

11. *Saint Waast enseigne à Clovis* les vérités de la religion chrétienne.

12. *Saint Remi sacre saint Génebaud* évêque de Laon.

13. *Mort de saint Remi.*

14. *Deux anges enlèvent au ciel l'âme de saint Remi.*

Tous ces sujets ont été traités d'une manière qui révèle chez leur auteur (1) une exacte connaissance de la peinture sur verre au moyen-âge, et ce vitrail, quoique moderne, offre aussi parfaitement que possible le caractère de ceux du XIIIe siècle.

Un nouvel autel a été érigé dans cette chapelle pendant l'année 1888 ; il se compose d'une table, d'un gradin et d'un petit tabernacle en pierre blanche, le tout appuyé en arrière sur deux pieds-droits, en avant sur des colonnettes.

2. A droite de cette chapelle, en avant des trois arcades, sous lesquelles s'ouvrent les grandes lancettes du chevet, il y a, depuis le commencement du siècle, une large *boiserie de style ionique*, non absolument sans valeur, mais dont la présence, en cet endroit, est une anomalie, un contre-sens ; aussi disparaîtra-t-elle dans un avenir prochain (2). Le milieu de cette

---

(1) M. Steinhel, peintre verrier à Paris.

(2) L'architecte se propose de placer cette boiserie dans la chapelle élevée dans l'angle formé par le chœur et le transept, derrière l'orgue d'accompagnement.

boiserie est occupé par un petit autel, surmonté d'un rétable à deux volets ou armoire renfermant la précieuse image de la *Sainte Face de Notre Seigneur*, dont il sera parlé un peu plus loin. Au-dessus de ce rétable, sous une espèce de baldaquin en bois terminé par une couronne de rayons, se trouve une vieille châsse, également en bois; elle renfermait les reliques de saint Béat et de quelques autres saints avant leur translation dans des châsses plus riches et d'un style plus conforme à celui de l'église. Les portes de l'armoire de la Sainte Face sont ornées des deux figures symboliques de la Foi et de l'Espérance. Sur les côtés, des médaillons représentent Notre Seigneur, la Sainte Vierge, saint Pierre et saint Paul.

Derrière cette boiserie, sous la fenêtre de gauche, se trouve une *petite porte* donnant sur la cour du palais de justice (ancien palais épiscopal); c'est par là que l'Evêque entrait dans la cathédrale, lorsqu'il le faisait sans solennité.

Sous la lancette de droite, mais également cachée par la boiserie, se trouve une *sculpture* du XIVe ou du commencement du XVe siècle, remarquable non-seulement par sa conservation, mais encore par l'expression des figures, le naturel et l'aisance de la pose. Elle représente *Notre Seigneur en croix* ayant à ses côtés, non « les deux Maries », comme dit Melleville (1), mais la Sainte Vierge et saint Jean.

---

(1) Hist. de Laon, tom. I, pag. 122. Saint Jean est très reconnaissable à son visage imberbe, à ses pieds nus et au livre des Evangiles qu'il tient de la main gauche.

C'est l'antique crucifix de l'autel érigé jadis en cet endroit. La peinture et la dorure, appliquées sur les vêtements des personnages, ont encore beaucoup d'éclat.

3. *La dernière chapelle du chevet* occupe l'enfoncement qui termine le bas-côté méridional du chœur; elle est dédiée au Sacré-Cœur de Jésus. La fenêtre est ornée d'une *verrière* posée au moment de l'érection de l'autel (1888) (1).

Cette verrière se compose de médaillons circulaires et de demi-médaillons. Une inscription occupe le bas du tableau ; les paroles en ont été empruntées au XIe chapitre de l'Evangile selon saint Mathieu ; elles disent la bonté et la tendresse du *Cœur de Jésus* : « *Venite ad me omnes qui laboratis et onerati estis et ego reficiam vos.* — Venez à moi, vous tous qui êtes fatigués et qui êtes chargés et je vous soulagerai » (v. 28). De chaque côté d'autres inscriptions contiennent, l'une les initiales de la donatrice : « Offert par Mme A. L. » (2) ; l'autre, la date de la donation : « MDCCCLXXXVIII (1888). »

1. Au-dessus de ces inscriptions, la première scène qui occupe, comme toutes les suivantes, le médaillon central et les demi-médaillons placés à droite et à gauche, représente *Notre Seigneur Jésus-Christ* entouré de six apôtres et leur *adressant ces paroles*, écrites sur

---

(1) Ce vitrail est, comme celui de saint Remi (page 222), l'œuvre de M. Steinhel, de Paris.

(2) Mme A. Lemaître, épouse défunte de M. Lemaître, président actuel du Conseil de Fabrique de la cathédrale.

une banderole déployée au-dessus de sa tête : « *Discite à me quia mitis sum et humilis corde.* — Apprenez de moi que je suis doux et humble de cœur. » (Saint Mathieu XI. 29).

2. Plus haut, c'est la *dernière Cène*, pendant laquelle Notre Seigneur institue le sacrement de l'Eucharistie.

3. Vient ensuite le *Crucifiement* du Sauveur. Un soldat lui présente une éponge pleine de vinaigre, un autre, armé d'une lance, lui perce le cœur. A droite et à gauche, la Sainte Vierge et saint Jean debout.

4. La quatrième scène est l'*Apparition de Jésus-Christ ressuscité à l'apôtre saint Thomas.*

Le demi-médaillon du haut représente deux anges les mains jointes.

3. Chapelles du côté de l'Epître — Midi.

1. *La première chapelle* du côté méridional du chœur, celle qui touche au chevet, est précédée d'une devanture qui diffère sensiblement de toutes celles que nous avons vues. Le style, qui y domine, rappelle assez le corinthien. La porte, placée sur le côté, est ornée de deux beaux panneaux sculptés représentant de petites cariatides, motif de décoration que l'on retrouve sur le stylobate et sur les pieds-droits. La corniche est surmontée d'un second ordre ou attique, formé de petites arcades à jour garnies de délicates sculptures.

Cette chapelle plus vaste, mais moins haute que celles qui l'avoisinent, est divisée intérieurement en deux parties par des arcades ogivales aujourd'hui fermées par un mur.

La première de ces deux parties paraît contemporaine du chevet, à l'exception de la fenêtre qui fut remaniée plus tard. La seconde, dont la voûte est de moitié moins élevée, appartient dans son ensemble au XIVe siècle.

Quelques traces de peinture se voient encore sur les murailles.

2. *Deuxième, troisième, quatrième et cinquième chapelle.* — Leurs devantures rappellent, comme disposition générale, celles de la nef et du côté Nord du chœur. La troisième, qui est probablement la dernière ou l'une des dernières construites, porte la date de 1620 et, auprès de cette date, les initiales v n l entrelacées pour former un monogramme, sans doute celui de la personne qui fit bâtir cette devanture.

On trouve dans ces quatre chapelles de nombreuses traces de *peintures murales*, et l'œil y reconnaît facilement deux et même trois couches superposées et d'époques différentes depuis le XIVe siècle jusqu'au XVIe.

Sous les arcatures de la deuxième chapelle (à partir du chevet) on distingue une Annonciation. Dans la quatrième, plusieurs personnages : un évêque, un saint portant une crosse en forme de tau T (saint Antoine), etc. Dans la cinquième, un ange, les ailes déployées et tenant une banderole, sur laquelle sont écrits ces trois mots « *Ave, Maria, graci.....* ». C'est encore une Annonciation, dont la seconde figure, la Sainte Vierge, est ensevelie sous le badigeon.

3. La porte, que l'on rencontre après la dernière chapelle, est celle de la *Sacristie.*

Construite dans l'angle formé par le chœur et le transept méridional, cette annexe importante de l'église est de la même époque et offre le même plan et la même disposition générale que la grande chapelle élevée de l'autre côté du chœur, derrière l'orgue d'accompagnement (page 216).

LE MOBILIER ou TRÉSOR.

La cathédrale possédait jadis un très riche trésor. On y voyait des merveilles de ciselure, des chefs-d'œuvre d'orfèvrerie et de broderie, des statues d'or et d'argent, des châsses, des reliquaires, des vases sacrés ornés de pierreries et d'émaux, des vêtements sacerdotaux d'une incomparable richesse, des tentures, des tapisseries, etc., etc. (1). Tout a disparu à la Révolution, sauf quelques reliques, quelques tapisseries, et des ornements sacerdotaux en petit nombre. Ces divers objets, échappés à la destruction, forment avec ceux qui ont été acquis depuis dix ans surtout, le trésor actuel, dont il convient de dire ici quelques mots.

Ce trésor se compose de reliquaires, de vases sacrés, de vêtements sacerdotaux et de tapisseries.

---

(1) Inventaire du trésor de la cathédrale, par le doyen C. de Héricourt (1522).

I. — Les Reliquaires.

L'église Notre-Dame possède aujourd'hui dix-neuf reliquaires, dont dix-huit furent achetés en 1885 par la Fabrique avec le concours de nombreux fidèles de la paroisse et de tout le diocèse. Ces reliquaires renferment un fragment assez considérable de la Vraie Croix, l'image de la Sainte Face de Notre Seigneur Jésus-Christ, les reliques de plusieurs saints, échappées aux profanations du siècle dernier, et celles que sut se procurer le zèle industrieux de M. l'archiprêtre Baton.

1. *Reliquaire de la Vraie Croix.*

Sa forme est celle d'une croix faite de plaques d'argent longues et étroites, sur lesquelles sont ciselés les instruments de la Passion. Sa hauteur est de soixante et un centimètres. La relique, composée de deux fragments disposés en croix, est renfermée dans un médaillon placé à la rencontre des bras. Cette pièce d'orfèvrerie, d'un goût assez douteux, ne paraît point remonter au delà du commencement de ce siècle.

2. *Le Reliquaire de la Sainte Face.*

Avant de décrire ce reliquaire, le plus beau et le plus riche de tous ceux qui furent achetés en 1885, il convient de faire connaître l'antique et précieuse image qu'il renferme, la Sainte Face de Notre Seigneur. Les pages suivantes, que j'emprunte à la savante étude publiée en 1881 par M. le chanoine Lecomte (1), fourniront tous les renseignements désirables au point de vue historique et au point de vue artistique.

1. « Envoyée de Rome par Jacques Pantaléon (2),
« à sa sœur Sybille, abbesse du couvent de Montreuil-
» en-Thiérache, cette sainte image demeura habituel-
« lement dans ce monastére de l'an 1249 à 1636 ; elle
« passa à cette époque à Crépy-en-Laonnois, où les
« dames de Montreuil, chassées par les guerres,
« séjournèrent quelques années ; puis à Laon (1640),
« dans une maison de refuge de la prévôté de
« Chantrud (aujourd'hui la manutention militaire) ;
« de là (1650), au faubourg de la Neuville, où,
« grâce à la bienveillance de Monseigneur de Laon,
« César d'Estrées, les religieuses se fixèrent et don-
« nèrent à l'ancienne maladrerie de Saint-Ladre, le
« nom de Montreuil. En 1792, l'image de la Sainte
« Face fut tranférée dans l'église paroissiale de la Neu-
« ville ; enlevée le 22 novembre 1793 et portée au
« district de Laon, elle y fut soigneusement cachée
« par un administrateur du district, M. Lobjoy ;
« réclamée dans la suite, elle fut placée le 7 décembre
« 1795, après les constatations et formalités néces-
« saires, derrière le maître-autel de la cathédrale où les
« les fidèles la visitent et la vénèrent aujourd'hui. » (3)

(1) La Sainte Face de N.-D. de Laon, par M. l'abbé A. Lecomte.
(2) Jacques Pantaléon, qui devint plus tard pape sous le nom d'Urbain IV (1261-1265), avait été successivement enfant de chœur, chanoine et archidiacre de Laon. C'est lui qui institua la fête du Très Saint Sacrement.
(3) Pag. 3 et 4.

Dès son arrivée dans nos régions, cette image vénérable signala sa présence par de nombreux miracles ; de pieuses confréries furent érigées en son honneur, et elle devint le but d'un pèlerinage des plus fréquentés.

Mais quelle est l'origine de cette Sainte Face ?

« Quel artiste habile a peint ce portrait ? Quel « modèle lui a servi ? Est-elle une image venue de « l'Orient, œuvre de quelque moine ou de quelque « artiste byzantin ? Cette tête est-elle l'interprétation « des caractères généraux et typiques de la Véronique, « de cette Véronique miraculeusement imprimée sur « un linge par la divine figure du Sauveur, dans le « douloureux trajet du palais de Pilate à la montagne « du Calvaire ? Ou bien est-elle une copie d'un por- « trait spécialement vénéré à Rome et reproduisant, « conformément aux traditions chrétiennes, les traits « sacrés de Jésus-Christ ? Nous ne saurions rien « affirmer.

« La foi des peuples a entretenu une pieuse légende « qui nous donne comme miraculeuse cette sainte « image ; quelques historiens mentionnent cette « origine.

« M. Lequeux (dans les Antiquités Religieuses du « diocèse de Soissons et Laon) pense qu'elle « est une « copie d'une ancienne figure du Sauveur qui se con- « serve à Rome dans l'église de la Scala-Sancta, près « de Saint-Jean-de-Latran, » c'était en effet, nous « dit-il, « au XIIIe siècle la chapelle papale dont « Jacques de Troyes avait la garde. »

« Quelle que soit l'origine attribuée, la cathédrale
« de Laon possède aujourd'hui une œuvre d'art pré-
« cieuse à plus d'un titre. Nous allons en donner une
« exacte description.

II. « *La Sainte Face est une peinture* à la cire ; elle
« est sur une tablette de sapin creusée en cuvette de

« forme carrée ; le cadre a de hauteur 0^{m}445^m., de
» largeur, 0^{m}40, d'épaisseur, 0^{m}025.

« Le fond uni est jaune clair. Le nimbe crucifère,
« l'inscription, les deux monogrammes, l'encadrement
« sont de couleur vermillon. En dehors du nimbe, le
« peintre a imité, d'une couleur bitumineuse trans-
« parente, un linge damassé avec semis d'annelets

« bleus, dont la partie inférieure est frangée de fils
« alternativement rouges et bleus, ce qui a fait croire
« à quelques historiens que l'Image était peinte sur
« étoffe. En haut, à droite et dans un cercle de même
« couleur, se trouve le monogramme de Jésus (I C)
« faisant pendant à celui de Christus (X C) (1).

« Les trois branches de la croix sont pattées et
« ornées, à leur extrémité, d'une grande perle de
« corail, cernée de petites perles d'émeraude. La
« figure se détacherait durement si elle n'était entourée
« d'un léger glacis qui en adoucit les contours.

« La figure est peinte sobrement d'un ton monotone
« de terre de sienne naturelle, réchauffée pour la
« barbe et les cheveux, de sienne brûlée et d'un peu
« de brun pour les ombres. La bouche seule est faite
« d'un ton laqueux et froid; la moustache, les cils et
« les sourcils sont finement indiqués; les prunelles
« sont de la couleur des cheveux; les lumières sont
« obtenues par de minces coups de pinceau, empâtés
« de blanc.

« La tête au-dessous de la grandeur naturelle est
« vue de face, le front est peu découvert, les yeux
« dont le regard est tourné vers la gauche sont bien
« fendus et pénétrants, le crâne démesurément déve-
« loppé, la chevelure longue et abondante est divisée,
« par le milieu, en deux larges bandeaux presque

---

(1) Il serait plus exact de dire les monogrammes des mots grecs IHSOUS et XPISTOS, les premiers siècles et le moyen-âge lui-même ayant conservé la coutume d'écrire le chiffre de Jésus-Christ à la manière grecque.

« lisses le long des tempes et se termine en ondulant ;
« la barbe de longueur moyenne est légèrement bou-
« clée à son extrémité.

« Comme ensemble et comme expression, cette
« figure saisit et étonne ; les traits fins du type orien-
« tal, la bouche petite, épaisse et sérieuse, les yeux
« profonds, la teinte uniforme qui modèle ce visage
« divin, tout donne à cette physionomie un caractère
« calme, grave, sévère même. Et si l'on s'arrête dans
« la contemplation de cette peinture, il est difficile de
« ne pas ressentir une profonde émotion. » (1)

Au-dessous du portrait on lit l'inscription suivante en langue slave :

« *Obraz Gospoden Na Oubrouse* »

ce qui signifie en latin :

« *Imago Dominica in sudario,* ou *in linteo* »

et en français :

« *Image du Seigneur sur suaire* ou *sur linge.* »

III. Voici maintenant la *description du reliquaire* telle, à peu près, que nous la lisons dans le registre des délibérations de la Fabrique :

« La Sainte Face, entourée d'ornements émaillés et de grenats, est suspendue au sommet d'une hampe, comme le Labarum de Constantin. Trois clous reproduisant exactement le clou de la Passion qui est à Rome, la fixent sur la traverse de la hampe que surmonte une couronne portant le monogramme du

---

(1) La Sainte Face de Notre-Dame de Laon, pag. 9, 10, 11, 12.

Christ et la croix, avec ces mots, en grec, sur la face, en latin, au revers : « Tu triompheras par ce signe. » La couronne, le monogramme et la croix sont émaillés et ornés d'améthystes et de cornalines. De chaque côté tombent des sortes de pendeloques rappelant celles du Labarum de Bamberg. La hampe, sur laquelle se dressent huit branches de passiflores liées par un large nœud et un bracelet, va planter son fer dans le corps d'un monstre gisant sur une base qui a la forme d'un chapiteau de Ravenne renversé. Ce monstre, couvert d'écailles et les ailes noires marquées de rouge et de vert, s'agite dans un suprême effort ; sa tête porte une riche aigrette, son col, un collier, parures decevantes du démon ; sa queue, puissante encore, s'enroule et vient battre la hampe de son fouet émaillé. Il se redresse comme pour voir le signe vainqueur, et de sa gueule grande ouverte semble s'échapper un dernier blasphème.

« Sur la face de la base, le Christ et Ste-Véronique sur fond d'émail bleu clair ; à droite et à gauche, deux anges portant la lance et l'éponge ; sur le revers, deux autres anges présentant la couronne d'épines, les tenailles, etc. Ces six figures sont modelées en bas-relief et dorées.

« La scène de Jésus-Christ et de sainte Véronique explique bien le sujet du reliquaire ; sa composition originale montre le Sauveur avec le nimbe crucifère de la Sainte Face de Laon aux pierreries inégales. Une large bande vert sombre et or soutient la base et s'appuie elle-même sur des serres d'aigles qui portent l'œuvre toute entière, les serres de l'aigle de saint Jean, témoin de la Passion.

« Le revers du reliquaire n'est pas moins riche que la face. Sur les deux plaques qui forment le revers du tableau, on lit ces paroles d'Isaïe :

« † *Vulnus et livor et plaga tumens.* » (Isaïe I. 6)

« † *Et livore ejus sanati sumus.* » (Isaïe LIII. 5)

« Le reliquaire a 1^m 86. Il est en bronze ciselé. Toutes ses pierres sont fines. Des ors de couleur se mêlent aux pierreries et aux émaux. L'or mat antique domine, comme il convient, mais la hampe est d'or rouge et les écailles du monstre d'or vert. Les trois clous de la Passion et les serres d'aigles sont d'argent oxydé avec quelques rehauts d'or. Les pierreries sont au nombre de 203 : 39 grenats ronds, 122 grenats carrés, 23 améthystes, 19 cornalines rouges. Le poids total est de 56,526 grammes. »

Cette belle œuvre est sortie de l'atelier de M. Armand-Calliat, orfèvre à Lyon, qui a fait lui-même la description dont on vient de lire un résumé.

3. — *Châsses des Saints.*

Les reliquaires renfermant les restes précieux des saints, sont au nombre de dix-sept (1).

Tous sont de même matière, le bronze verni, mais de forme et de dimensions différentes.

---

(1) Toutes les reliques, excepté celles dont la provenance sera indiquée plus loin, appartenaient, avant la Révolution, ou à la cathédrale ou à d'autres églises et monastères de la ville.

1. *Châsse de saint Béat*, confesseur, apôtre du Laonnois. Exécutée d'après les dessins de Viollet-Leduc, elle affecte la forme d'un édicule ou petite église de 0ᵐ 80 c. environ de hauteur, reposant sur une base qui mesure près d'un mètre de long. La toiture à double versant et les gables ou pignons sont surmontés de crêtes élégantes. Les deux faces principales sont ornées d'arcades bilobées, sous lesquelles de petites ouvertures en forme de quatrefeuille permettent de voir à l'intérieur les reliques du saint : deux fémurs et un fragment d'os du bras.

2. *La châsse de sainte Preuve*, vierge, martyrisée à Laon, est un peu moins grande que la précédente. Elle a la forme d'un édicule rectangulaire reposant sur des lions couchés. Ses quatre faces sont percées d'arcades cintrées ; son toit à double égout, ses côtés et ses pignons, couronnés de crêtes. Quelques parties sont émaillées.

Reliques de la sainte : Un fémur divisé en deux et un fragment du scapulum (1).

3. *La châsse de sainte Grimonie*, vierge, martyrisée à La Capelle, a la même disposition générale que celle de sainte Preuve, mais son style est différent : les ornements, les ouvertures, les arcades trilobées accusent le XIIIᵉ siècle, tandis que l'autre offre les caractères du roman fleuri (XIIᵉ siècle). Reliques : un fémur divisé en deux et une vertèbre.

---

(1) Ces reliques et celles de sainte Grimonie furent données en 1885 avec l'autorisation de l'évêché d'Arras, par M. le curé d'Hénin-Liétard, dont l'église possède les corps presque entiers de ces deux saintes.

4. *Châsse de saint Aubeu*, apôtre de l'Artois, mort à Laon, où il était venu prier dans la célèbre église Notre-Dame. Longue de 70 centimètres environ, enrichie d'émaux et couronnée d'un gracieux clocheton flanqué de quatre échauguettes, cette châsse offre l'aspect d'une petite église. Sur chacune de ses faces sont percées des fenêtres ou arcades cintrées et surmontées de frontons. La relique est un tibia (1).

5. *La châsse de saint Boétien*, solitaire à Pierrepont, est exactement semblable à la précédente. Elle renferme un humérus.

6. *Reliquaire de saint Barthélemy*, apôtre. Edicule carré de 87 centimètres de haut, présentant sur chacune de ses faces une ouverture trilobée surmontée d'un fronton. Il se termine par un toit pyramidal à quatre côtés. La relique est des plus précieuses ; c'est un fragment considérable du crâne de l'apôtre.

7. *Reliquaire de saint Génebaud*, premier évêque de Laon. Sa forme est celle d'un édicule carré reposant sur des lions accroupis, et offrant, sur chacun de ses côtés, de petites baies trilobées surmontées de frontons triangulaires. Sa hauteur est d'environ 0^m 75.

La relique est une vertèbre.

8. *Châsse de saint Remi*, évêque de Reims et fondateur de l'évêché de Laon. C'est une sorte de coffret long, percé d'ouvertures en quatre-feuille et surmonté

---

(1) Cette relique et celle de saint Boétien furent accordées en 1885, avec l'autorisation de Monseigneur l'Evêque de Soissons et Laon, par l'église de Pierrepont (Aisne), qui conserve depuis longtemps les corps de ces deux saints.

d'un toit à double versant, garni d'une crête. Il est orné d'émaux et contient, renfermés dans un tube en verre, un fragment d'os de saint Remi, et dans des médaillons, un morceau du suaire du même saint et un très petit fragment d'os de sainte Célinie, mère de saint Remi.

9. Dans une châsse tout à fait semblable à celle de saint Remi, se trouvent de nombreux ossements de *sainte Victoire*, martyre, et de *sainte Secrète*, vierge.

10. *La châsse de sainte Anstrude*, vierge, abbesse de Saint-Jean de Laon, est un édicule plus long que large, mais de dimensions peu considérables (0^m 45 environ de longueur). Ses côtés présentent des ouvertures trilobées surmontées de petits frontons. Le toit est à quatre versants et couronné d'une crête. Relique : un os du bras (1).

11. Une châsse, semblable à la précédente, renferme des *reliques de saint Béat*, trois fragments d'os assez considérables. C'était celle que l'on portait en procession dans les rues de la ville, chaque année, le 9 mai, avant que la municipalité n'eût signalé sa *tolérance* (!) en supprimant toute manifestation extérieure du culte catholique (1889) (2).

---

(1) Cette relique, conservée à l'évêché de Soissons, a été donnée en 1885, par Monseigneur Odon Thibaudier, alors évêque de Soissons et Laon, actuellement archevêque de Cambrai.

(2) Cette procession de saint Béat se faisait de temps immémorial. Celles de la Fête-Dieu, également supprimées, avaient pourtant été instituées par un compatriote, le pape Urbain IV qui avait été successivement enfant de chœur, chanoine et archidiacre de Laon.

12. *Châsse de saint Quirin*, martyr. Elle est de forme longue et terminée par un petit toit à double égout. Ses faces sont percées de petites baies cintrées, qui permettent de voir à l'intérieur les reliques du saint, trois fragments d'os.

13. *La châsse de sainte Claire*, martyre, est semblable à celle de saint Quirin ; elle renferme une côte de la sainte.

14. *Reliquaire de saint Gorgon*, martyr. Edicule carré, orné d'émaux et présentant quatre faces percées d'ouvertures trilobées et couronnées de frontons ; une petite tourelle s'élève sur le milieu. Relique : fragment considérable d'un gros os.

15. *Reliquaire de saint Félix*, martyr. Semblable à celui de saint Gorgon. Relique : fragment assez gros d'un os.

16. *Reliquaire de saint Lambert*, évêque de Maestricht et martyr. Edicule à peu près semblable aux précédents, mais plus petit, non émaillé et terminé par un clocheton surmonté d'une croix. Reliques : trois fragments d'os.

17. *Reliquaire de saint Canoël*, évêque de Laon au VIIe siècle. Pareil à celui de saint Lambert. Reliques : trois petits fragments d'os.

Plusieurs autres reliques, parmi lesquelles on distingue celles de saint Théodulphe, de saint Roch et de sainte Benoîte, seront ajoutées bientôt probablement à celles dont l'énumération précède.

II. Vases sacrés.

La cathédrale n'a conservé aucun de ses anciens

vases sacrés. On y voit pourtant un *petit calice* du *XIIIe siècle*; mais il n'est pas certain qu'il ait appartenu autrefois au trésor de l'église.

Les vases sacrés qu'elle possède actuellement, sont modernes. A l'exception d'un ciboire émaillé un peu plus ancien, les plus beaux, un calice, un ciboire et un ostensoir en vermeil, ont été acquis ou donnés dans ces dix dernières années. Ces trois objets, ornés de nombreux émaux, de perles, de pierres précieuses et de riches diamants, sont d'une forme très élégante et parfaitement harmonisée avec le style de l'église. Ils ont été exécutés par la maison Poussielgue-Rusand, de Paris.

III. Vêtements sacerdotaux.

Il n'y a plus, à la cathédrale de Laon, de ces antiques chasubles forme moyen-âge, de ces vieilles chapes couvertes de broderies d'or et d'argent, que l'on admire encore dans le trésor de quelques grandes églises.

Les ornements sont presque tous modernes et ornés de belles broderies ou de tapisseries, œuvres des dames chrétiennes de la paroisse; quelques-uns cependant sont faits de vieux damas, de drap d'or, d'étoffes brochées, remontant au commencement de ce siècle ou provenant de vêtements sacerdotaux antérieurs à la Révolution.

IV. Tapisseries.

L'église Notre-Dame possède encore aujourd'hui

quelques anciennes tapisseries de grande valeur. D'où viennent-elles ? Lui appartenaient-elles avant la Révolution ? Aucun document écrit, aucune tradition orale n'a pu, jusqu'ici, nous l'apprendre.

Ces tapisseries forment huit grands tableaux. Elles sont entourées chacune d'une belle et large guirlande formant encadrement, et d'une étroite bordure, sur laquelle se trouvent des initiales ou monogrammes et des marques d'ateliers.

Six d'entre elles représentent des scènes de la vie de Jacob. Elles sont sorties des ateliers de Jacob van Tennen, de Bruxelles, comme l'indiquent et les initiales I. V. Z., qui formaient le monogramme de ce tapissier, et l'écusson entre deux B, qui était la marque des ateliers de Bruxelles (1).

Les sujets représentés sont les suivants :

1. *La rencontre de Rébecca et d'Éliézer.*

Rébecca, accompagnée par une jeune fille de la ville de Nachor, est venue puiser de l'eau. Éliézer lui demande à boire et l'interroge sur sa famille (Genèse XXIV, 14 et suiv.).

Cette tapisserie, haute de trois mètres quarante centimètres environ et large de près de quatre mètres, est marquée sur la bordure des initiales « I. V. Z. »

---

(1) Ces tapisseries sont du XVIIe siècle :

« I. V. Z. (Iakob van Tennen) XVIIe siècle. Histoire de Jacob. Garde-meuble de Vienne. »

(La tapisserie par Eug. Müntz, page 367).

— « Bruxelles. La marque, un écusson entre deux B (Bruxelles en Brabant) devint obligatoire en 1528. » (Id. page 362).

2. *Arrivée de Jacob en Mésopotamie.*

Au premier plan, Jacob ôte avec l'aide de deux bergers la pierre qui ferme le puits, afin que Rachel puisse faire boire son troupeau. Rachel et une autre femme, des houlettes à la main, se tiennent auprès du puits. L'Écriture nous apprend que la fille de Laban menait paître les brebis de son père. (Genèse XXIX. 9 et suiv.).

Au second plan, Jacob est reçu par Laban et sa famille.

Hauteur de la tapisserie : trois mètres vingt centimètres ; largeur : deux mètres soixante-quinze centimètres.

3. *Laban,* sur la proposition de Jacob, divise ses troupeaux et *met entre lui et son gendre l'espace de trois journées de marche.* (Genèse XXX, 25 à 37).

La scène se passe au milieu d'un beau paysage. D'un côté Laban s'entretient avec Jacob et Rachel; de l'autre, un berger et une bergère chassent devant eux les troupeaux de chèvres et de brebis.

Hauteur de la tapisserie : trois mètres quarante centimètres environ ; largeur, près de quatre mètres. Marque : un écusson entre deux B.

4. *Jacob quitte la maison de Laban.*

Jacob et les siens prennent ce qui leur appartient et chargent des chameaux et d'autres bêtes de somme. Rachel, aidée de ses femmes, soustrait les idoles de son père. (Genèse XXXI, 17 et suiv.).

Hauteur : trois mètres vingt-cinq centimètres ; largeur, deux mètres soixante-dix centimètres. Marque : un écusson entre deux B. — I. V. Z.

5. La scène représentée sur cette tapisserie, paraît être celle dont il est question au 31ᵉ chapitre de la Genèse (25 à 32). Laban, après avoir poursuivi Jacob parti depuis sept jours, le rejoint, *lui reproche d'avoir quitté sa maison* sans l'avertir et *l'accuse d'avoir volé ses idoles*.

Mêmes dimensions que la précédente. Marque : I. V. Z.

6. *Laban, entré dans la tente de Rachel pour chercher ses idoles, ne les trouve pas.* Rachel les cache sous un peu de litière de chameau et s'assied dessus, pendant que ses femmes font voir à Laban les autres choses qu'elles ont emportées.

Cette tapisserie est la plus grande de toutes ; elle mesure près de quatre mètres cinquante centimètres de large et trois mètres cinquante centimètres de haut. Marque : Un écusson entre deux B. Monogramme : I. V. Z.

7. *L'Annonciation de la Très Sainte Vierge.*

L'archange Gabriel se présente à Marie agenouillée sous un riche baldaquin ; une table drapée, sur laquelle est un magnifique vase de fleurs, les sépare. Au-dessus, le Saint-Esprit, sous la forme d'une colombe, descend environné de nuages.

L'encadrement de cette tapisserie, qui a trois mètres soixante-quinze centimètres de large sur trois mètres trente-cinq centimètres de haut, est formé de très riches guirlandes de fleurs et de huit médaillons, dont quatre dans les angles et quatre dans les milieux ; ceux des angles sont ornés de petites figures d'anges ; ceux des milieux renferment les portraits des évangélistes : saint Mathieu, saint Marc, saint Luc. Malheureusement cette tapisserie a subi d'assez importantes détériorations et l'on a été obligé d'y mettre des morceaux, dont l'un cache le médaillon, dans lequel devait se trouver saint Jean.

Sur la bordure on voit un monogramme formé des lettres A et M, séparées par un chiffre ; c'est, sans doute, celui du fabricant. Il y a aussi comme marque une tour et une fleur de lis. La tour étant la marque de Tournai (1), cette tapisserie proviendrait donc des ateliers de cette ville.

8. La huitième tapisserie n'a aucune marque indiquant de quel atelier elle est sortie. Elle représente, au premier plan, *un saint et une sainte* (ils ont le nimbe), placés en avant d'une arcade près de laquelle est un escalier, et distribuant des aumônes à quelques pauvres debout ou agenouillés devant eux. Au second plan, deux personnages, un homme et une femme, gravissent les degrés de l'escalier. Quelle est cette scène ? Quels sont ces saints ? Il est difficile de le déterminer.

L'encadrement se compose de feuilles semblables

---

(1) « Tournai — une tour. » (La tapisserie, par Eug. Müntz. — Liste des marques, page 363).

disposées symétriquement autour du tableau. Dimensions : hauteur, trois mètres cinquante centimètres ; largeur, un mètre quatre-vingt-dix centimètres.

Puisse ce modeste travail, destiné à faire mieux connaître notre magnifique cathédrale, contribuer en même temps, pour sa faible part, à la réhabilitation du style que jadis par mépris on qualifia de gothique ! Puisse-t-il servir à la glorification de cet art du moyen-âge, qui est une des plus parfaites manifestations du beau dans les créations humaines ; de cet art reconnu au XIIIe siècle pour l'art français par excellence « *opus francigenum* », et qui est vraiment et avant tout notre art religieux et national !

LAUS DEO ET BEATÆ MARIÆ LAUDUN.

TABLE DES MATIÈRES

HISTORIQUE

	Pages
CHAPITRE I. — ÉGLISE PRIMITIVE	5
I. *Fondation et Histoire jusqu'au XIIe siècle.*	5
II. *Incendie de la cathédrale en 1112*	8
III. *Restauration de la cathédrale en 1113 et 1114.*	9
CHAPITRE II. — LA CATHÉDRALE ACTUELLE	12
I. *La cathédrale actuelle n'est pas la même que celle restaurée en 1113 et 1114*	12
II. *Date de la reconstruction de la cathédrale actuelle*	19
III. *Modifications apportées au plan primitif dans le XIIIe et le XIVe siècle.*	35
1º LE CHEVET CARRÉ.	35
2º LES CHAPELLES.	38
3º LE TRANSEPT	39
IV. *La cathédrale depuis le XIIIe siècle jusqu'à nos jours.*	40
I. XIIIe et XIVe siècle.	40
II. XVe, XVI et XVIIe siècle	41
III. XVIIIe siècle. — La Révolution.	43
IV. XIXe siècle	45
Restauration de la cathédrale.	47

DESCRIPTION

CHAPITRE PRÉLIMINAIRE.	51
I. *Aspect général.*	51
II. *Plan.*	53
III. *Architecte.*	54
IV. *Orientation. — Appareil.*	55
V. *Principales dimensions de la cathédrale.*	55

I. — EXTÉRIEUR

	Pages
CHAPITRE I. — LE GRAND PORTAIL	56
I. *Les porches*	58
I. PORCHE DE GAUCHE (NORD). — Vie de Jésus-Christ et de la Sainte Vierge. — Vertus et vices. — Personnages et scènes bibliques	60
II. PORCHE CENTRAL. — Triomphe de la Sainte Vierge	73
« L'os qui pend »	84
Entrée solennelle de l'Evêque	85
III. PORCHE DE DROITE (MIDI). — Jugement dernier	86
Second étage du portail	97
I. LA GRANDE ROSE	97
II. FENÊTRE DE GAUCHE (NORD). — Arts libéraux	98
III. FENÊTRE DE DROITE (MIDI). — La création	102
III. *Troisième étage du portail. — Galerie*	104
IV. *Les tours du portail*	105
1. Les tours. — Description	105
2. Les statues de bœufs	107
3. Les escaliers	108
4. Les flèches	110
5. Petite porte au pied de la tour Nord (gauche)	111
6. Les cloches	111
CHAPITRE II. — CÔTÉ NORD DE LA CATHÉDRALE	115
I. *La nef*	116
1. Chapelles latérales de la nef	116
2. Bas-côtés et étage supérieur de la nef. — Contreforts, arcs-boutants	116
3. La lanterne	118
II. *Transept du Nord*	118

	Pages
1. Côté Ouest	118
2. Portail du Nord. — Tour Saint-Paul	119
3. Côté Est du transept	121
III. *Le chœur*	122
1. Chapelles latérales	122
2. Bas-côtés et étage supérieur	124
IV. *Le chevet*	125
CHAPITRE III. — CÔTÉ SUD DE LA CATHÉDRALE	128
I. *La nef*	128
Le cloître. — La salle capitulaire	128
II. *Le transept méridional*	129
Portail du Sud. — Tour de l'horloge	129
Rose au pied de la tour de l'horloge	133
III. *Le chœur*	135

II. — INTÉRIEUR

ASPECT GÉNÉRAL	137
CHAPITRE I. — LA NEF	138
I. *Allée centrale*	138
II. *Collatéraux*	141
III. *Triforium*	143
IV. *Clérestory ou étage supérieur et Voûtes*	144
V. *Partie intérieur du grand portail*	145
La grande rose. — Vitraux	146
VI. *Chapelles*	150
1. Historique	150
2. Caractères généraux. — Devantures	153
3. Détail des chapelles	155
A. — Chapelles du côté méridional de la nef	155
1. *Chapelle des Fonts*	155
Fonts baptismaux	156
2ᵉ *Chapelle*	158
3ᵉ *Chapelle*	158

	Pages
4e *Chapelle*. Pierres tombales	159
5e *Chapelle*. Sculptures. — Décollation de saint Jean-Baptiste. — Pierres tombales.	160
6e *Chapelle*. Sculptures. — Délivrance de saint Pierre. — Pierres tombales. . .	162
7e *Chapelle*. Sculptures. — Ancien rétable de l'autel. — Jésus-Christ en croix . . .	163
B. — Chapelles du côté septentrional de la nef .	165
1e *Chapelle*. La résurrection	165
2e *Chapelle*	166
3e *Chapelle*	166
4e *Chapelle*. Fac-simile du tombeau de Barthélemi de Vir. — Pierres tombales.	166
5e, 6e, 7e et 8e *Chapelle*	169
La Chaire	170
CHAPITRE II. — LE TRANSEPT.	174
I. *Ensemble et caractères particuliers du Transept* . .	174
II. *Diverses parties du transept*	179
1. La lanterne	179
Couronne de lumières. — *En 1793*. .	180
2. Côté Nord du transept.	182
I. *Tribune*. . . . . ,	182
II. *La Vierge noire* . . . , ...	182
III. *Les Orgues*	182
IV. *La rose du portail du Nord*. — Vitraux .	185
V. *Prison de la Tournelle*.	187
VI. *Chapelles terminées en abside*, au rez-de-chaussée et à l'étage des galeries . .	187
3 Côté Sud du transept	189
I. *Tribune*.	189
II. *Fenêtre du portail du Midi*	189
III. *Chapelles terminées en abside*.	189
Balustrade en bois.	190
IV. *Chapelle de l'étage supérieur*. — *Trésor, Archives*	190

	Pages
V. *Fonts baptismaux*	191
VI. *La salle capitulaire. — Tableaux*	192

CHAPITRE III. — LE CHŒUR 194
- I. *Allée centrale* 194
  - 1. Ensemble et caractères particuliers 194
  - 2. Ancien Jubé, Grilles, Stalles, etc. 197
    - *1. Jubé* 197
    - *2. Grille* 198
    - *3. Stalles* 199
    - *4. Orgue* 199
    - *5. Sanctuaire* 199
    - *6. Pavage* 200
    - *7. Maître-Autel* 200
- II. *Le chevet. — Vitraux* 201
  - A. Les lancettes. Caractères généraux 202
    - 1. Lancette de droite 203
    - 2. Lancette du milieu 208
    - 3. Lancette de gauche 210
  - B. La grande rose 213
- III. *Les chapelles du chœur* 216
  - 1. Chapelles du côté Nord 216
    - *1re chapelle. — Inscriptions. — Chemin de Croix.* 216
    - *2e chapelle. — Reste de vitrail. — Carreaux émaillés.* 218
      - *La pierre à clous* 219
    - *3e chapelle. — Inscriptions. — Peintures murales.* 220
    - *4e et autres chapelles* 221
  - 2. Chapelles du chevet 221
    - *1e chapelle. — Vitrail de Saint-Remi.* . . 222
    - *2. Boiserie. — Autel de la Sainte-Face. — Sculptures* 223
    - *3. Chapelle et vitrail du Sacré-Cœur* . . 225
  - 3. Chapelles du côté Sud 226

	Pages
1. Chapelle. — Devanture	226
2. Autres chapelles. — Peintures murales	227
3. Sacristie	227
MOBILIER ou TRÉSOR	228
I. *Les reliquaires*	229
1. La vraie Croix	229
2. La Sainte Face de Notre Seigneur	229
1. *Aperçu historique*	230
2. *Description de l'image de la Sainte Face*	232
3. *Description du reliquaire*	234
3. Châsses des saints. — Reliques	236
II. *Vases sacrés*	240
III. *Vêtements sacerdotaux*	241
IV. *Tapisseries*	241

ERRATA.

Pages.	Lignes	On lit	Il faut lire
7	3	qui fût brûlée	qui fut brûlée
33	15	les unes les autres	les unes contre les autres
66	9	provocatives	provocatrices
77	10	croissaut	croissant
103	8	de ses ondulations	de ces ondulations
—	17	à se pieds	à ses pieds
113	12	en bas de la cloche	au bas de la cloche
116	11	tantôt cinq lobes	tantôt à cinq lobes
174	3	remonte	il remonte
179	4	méalnges	mélanges
214	30	est occupé	est occupée
217	25	est appliquée	est appliqué

Laon. — Imprimerie A. Cortilliot et Cie, rue Serurier, 22.

www.ingramcontent.com/pod-product-compliance
Lightning Source LLC
Chambersburg PA
CBHW050338170426
43200CB00009BA/1639